Julia Vanini, geboren 1951, wuchs im Kanton Aargau in einer Großfamilie auf. Nach der Schulzeit absolvierte sie eine Kaufmännische Lehre und arbeitete in verschiedenen Betrieben im In- und Ausland. Mitte Zwanzig heiratete sie in eine italienische Familie hinein. Den Wunsch nach einer beruflichen Veränderung erfüllte sich die Autorin, indem sie sich zur Katechetin ausbilden ließ. Es folgten Weiterbildungen in theologischen Fächern mit Master-Abschluss. Viele Jahre unterrichtete sie in Kirche und Schule Kinder im christlichen Glauben und Jugendliche im Fach Ethik und Religion. Heute ist die Autorin pensioniert und engagiert sich im kirchlichen und sozialen Bereich.

Dieses Buch ist
Samia und ihrem Vater gewidmet,
und all denen,
die ein ähnliches Schicksal erfahren haben.

© 2018 Julia Vanini
Autor: Julia Vanini
Cover Illustration and Design: Mark Manion
Images © Surabky/dreamstime.com; Nadezhda 1906/dreamstime.com

Verlag: tredition GmbH, Halenreie 40-44, Hamburg
ISBN: 978-3-7439-6779-3
Printed in Germany

Das Werk, einschließlich seiner Teile, ist urheberrechtlich geschützt. Jede Verwertung ist ohne Zustimmung des Verlages und des Autors unzulässig. Dies gilt insbesondere für die elektronische oder sonstige Vervielfältigung, Übersetzung, Verbreitung und öffentliche Zugänglichmachung.

Alle im Buch vorkommenden Namen wurden bewusst zum Schutz der betroffenen Personen geändert. Jede Ähnlichkeit mit anderen Personen sind rein zufällig.

Julia Vanini

Ich stehe im Goal

Erinnerungen an ein Familienschicksal

Inhaltsverzeichnis

Einleitung 11
Erster Besuchstag... 12
Erster Familienkontakt... 13
Es wird geheiratet.. 14

Einblicke ins Scheitern 16
Die tunesische Verwandtschaft 16
Andere Interessen.. 17
Integrations- und Identitätsprobleme............................. 17
Geld, Ohrfeige und hohe Ansprüche.............................. 18
Das Unvermögen... 19

Fast eine Familie... 20
Es ist ein Mädchen!.. 20
Nerven liegen blank 20
Babypause im Versandhaus 22
„Räuber- und Poli-Spiele" 23
Ein Geburtstag und ein Strafbefehl................................. 23
Bandenmäßiger Diebstahl 24
Der Lastwagen 25
Verwarnung Migrationsamt 27
Kosten der „Räuber- und Poli-Spiele" 28
Die Sache mit dem Schweizer Pass 28
Der Hauskauf 29

Schlag auf Schlag 31
Ein Schlaganfall kündigt sich an 31
Der erste Schlaganfall.. 32
In der Rehaklinik 34
Haushaltbudget und IV Formular 36
Eine Stimme wird leiser.. 37
Ein „exotisches Wochenende" 38

Von Zuhause in die Tagesklinik 39
Wehgeschrei in der Tagesklinik 40
Berufsberatung – Back to work 41
Unterzuckerung 41
Das Ringen um den Führerschein 42
Vom zweiten Schlaganfall 43

„Rumpelstilzchen-Geschichten" 44
Ab in die Ferien 44
Rumpelstilzchen-Ferien 45
Der Liebhaber 46
Der Coiffeur 46
Ein Extra-Flugticket 46
Der Besucher 46
Der Anrufer 47
Die Lücke im Bücherregal 47
Auto weg 47
Kühlschrank leer 47
Die Dienstwaffe 48
Polizei gegen Polizei 48
Ein Auto Typ BMW 116 48

Der Fall: Schwiegereltern und ein BMW 50
Auf dem Migrationsamt 50
Sachverhalt: Unterschriftenfälschung 51
Annullation der Visa 52
Die Last mit dem Lastwagen 53
Der Hickhack um den BMW X5 55
Eine Beistandschaft wird notwendig 57

Der andere BMW 58
1. Mai Chaoten 58
Der andere Strohmann 59
Tante Faria bekommt ein Gesicht 61
Zweckehen und Scheinväter 61

Der nachhaltige Rauch eines BMWs 63
Auf dem Sozialdepartement 64

Zeiten, die nicht gefallen 65
Von der Scheidungsklage 65
Ein triefendes Dach 66
Von der Schriftenhinterlegung 69
Entziehung Unmündiger und ein Freispruch 70
Vom ersten Wiedersehen 71
Erziehungsbeistandschaft 71
Ein Finger zu viel 73
Aktion BMW 320 74
Frau, Kind und BMW weg 75
Plaudereien: Frauenhaus 76
„Polizischt Wäckerli" 77

Die Anwälte 81
Anwalt Fuchs 81
Anwältin Brun 84

Besuchstage bei Papi 87
„Aller Anfang ist schwer" 87
„Sind wir jetzt im Aargau?" 90
Vom Kinderzimmer 91
Wie ein bissiges Hündchen 92
Ponygeflüster 92
Eroberungsversuch: Vordersitz 93
Tränen um McDonald 93
Rechenstunde mit Papi 94
Liebeserklärung 94
Ein Doppelbett bitte 95
Drei Eier im Kuchen 95
Schwimmbad 96
Scheidungskinder 96
Mit Freundin 96

Verkäuferlis 98
Wettiger Fäscht 98
„Er war auch mein Großvater" 99

Der zweite Schlaganfall.. 100
Zwischenbericht: Hausratsaufteilung...100
Der zweite Schlaganfall und seine Zeit 102

Vom Scheidungsweg.. 106
Wohnsituation...106
Gütertrennung (Hausrat / Mobiliar) 107
Sorgerecht / Besuchs- und Ferienrecht 109
Unterhaltszahlungen..111
Zuviel passiert...112

Schluss 113

Einleitung

Liebe Samia. „Ich stehe im Goal". So lautet der Titel dieses Buches. Dass es darin nicht um Fußball geht, das verrät gleich der Untertitel: „Erinnerungen an ein Familienschicksal". Familienschicksale gibt es viele und jedes Drama trägt seine eigene Handschrift. So ist es auch bei dieser Erzählung. Die Erinnerungen – sie handeln von deiner Familie – und der unseren.

Sie handeln von der Trennung deiner Eltern, unter der du als kleines Mädchen sehr gelitten hast. Wie ein Goali musstest du vieles abwehren, zusehen, durchlassen, nach links und rechts hechten und dich wieder neu ins Spiel bringen – deinen Weg finden.

Das Buch handelt aber auch von deinem Papi, seiner Diabeteserkrankung, der Krebsdiagnose und von seinen beiden Schlaganfällen und ihren tiefgreifenden Folgen für seinen Lebensweg. Er, als begeisterter Fußballfan, fand sich plötzlich selbst wie in einem Fußballspiel, das unter keinem guten Stern stand.

Im Weiteren geht es auch um deine tunesische Verwandtschaft, die mit krimineller Energie ihr Dasein zu meistern versuchte, sodass die Justiz und die Medien darauf aufmerksam wurden, sich damit auseinandersetzen mussten.

Mit zwölf Jahren hast du angefangen Fragen zu stellen. Fragen vor allem, warum sich deine Eltern scheiden ließen. Mit vierzehn Jahren hast du nachgedoppelt: „Es gibt immer zwei Meinungen." Aber dein Papi und ich haben beschlossen, dass wir dir, solange du noch klein bist, nichts von alle dem erzählen, was passiert ist und wie wir deine Familie erlebt haben.

Mit diesem Buch aber ist es Zeit, dir davon zu erzählen. Da dein Papi, wie du selber weißt, wegen seiner Hirnverletzung „ohne Sprache ist", habe ich mich entschlossen, die damaligen Geschehnisse in Erinnerung zu rufen und sie für dich aufzuschreiben.

Was den Buchtitel betrifft: Der Satz „Ich stehe im Goal" kommt von dir. Doch beginnen wir von vorne.

Erster Besuchstag

Liebe Samia. Es war, als wäre nichts geschehen. Keine Trennung, keine Ängste und unbeantwortete Fragen. Kein Schlaganfall, keine langen Spitalaufenthalte und Gerichtsverhandlungen. Dein Vater trug dich auf seinen Schultern und du hieltest dich an seinem Kinn fest. Links und rechts von seinem Kopf baumelten deine Beinchen mit den Stiefelchen, mit denen dich deine Mutter gekleidet hatte. Es war sehr heiß an diesem Tag, am ersten Besuchstag bei deinem Papi – an der Badenfahrt. Auf der Stirn deines Vaters bildeten sich Schweißperlen und ich hatte Bedenken, dass er dich nicht mehr lange tragen konnte. Aber er hielt tapfer durch – wollte dir gegenüber keine Schwäche zeigen. Immer wieder seid ihr mit den „Putschi-Autos" gefahren. Auf die großen wilden Bahnen konntet ihr noch nicht. Dafür warst du noch zu klein. Umso mehr war Gelegenheit für Süßigkeiten: Eiscreme, Zuckerwatte, Magenbrot und Bonbons – und einfach ein bisschen heile Welt.

Ein „Bild" sehe ich bis heute vor mir. Du und dein Papi saßen auf dem Laufsteg der Chilbibahn mit den „Putschi-Autos". Du saßest auf seinem Schoss, mit dem Rücken zu ihm und ohne Blickkontakt. Dann kamen deine Fragen: „Warum kann ich nicht mehr zu Hause wohnen? Warum kann Mamma nicht mehr nach Hause zu dir?" Da dein Vater nach dem Schlaganfall an einer Aphasie (Sprachlosigkeit, Sprachschädigung) leidet, konnte er dir keine Erklärungen geben. Doch einen Satz hatte er ständig wiederholt: „Papi lueget scho für dich."

Erster Familienkontakt

Von deiner tunesischen Familie arbeiteten damals deine Mutter Fadila und deine Tante Faria im selben Gasthaus in Zürich. Von unserer Familie war es deine Tante Petra, die Schwester deines Vaters, die ebenfalls in derselben Gaststätte tätig war. Zu dieser Zeit war deine Mutter bereits mit einem Schweizer verheiratet.

Die Wirtsleute Baumann gaben das Gastgewerbe in Zürich auf und pachtete ein Restaurant in Kanton Aargau. Die Wirtsleute nahmen ihr Servicepersonal von Zürich mit in den Aargau. Dazu gehörten deine Mutter, ihre Schwester Faria sowie deine Tante Petra.

Dein Vater wurde neu ein Gast in diesem Restaurant. Er hatte eine besonders enge Beziehung zu seiner Schwester Petra. Während seine Besuche anfangs seiner Schwester galten, war immer mehr auch deine Mutter der Grund seiner Besuche. Er hatte sich in deine Mutter verliebt. Aber Petra war gegen eine Liebesbeziehung ihres Bruders zu deiner Mutter. Zum einen war deine Mutter damals ja noch mit einem anderen Mann verheiratet. Zum anderen: Zwischen den drei Frauen kam es vermehrt zu Reibereien und Machtkämpfen bei der Arbeit.

Schließlich stand die Ehe deiner Mutter kurz vor dem Aus. Ihr damaliger Ehemann soll kein Geld gehabt haben. Bei einer Scheidung drohte deiner Mutter der Entzug ihrer Aufenthaltsbewilligung für der Schweiz. Um dies zu verhindern, ließ sie sich in eine Beziehung mit deinem Vater ein, die schlussendlich zur Heirat führte.

Dein Vater war vor deiner Mutter nie verheiratet. Seine erste große Liebe ging in seinen jungen Jahren in die Brüche. Es folgten verschiedene Frauenbekanntschaften – aber es wurde nie etwas Ernstes daraus.

Es wird geheiratet

Die erste Ehe deiner Mutter wurde geschieden. Der Weg war nun frei für eine erneute Heirat mit einem Schweizer. Als in unserer Familie bekannt wurde, dass deine Mutter und dein Vater heiraten wollten, kamen etliche Bedenken auf. Das eine war der kulturelle Abstand – Afrika trifft auf Europa – Europa auf Afrika. Hinzu kam der unterschiedliche Glaubenshintergrund: Deine Mutter eine Muslimin, dein Vater ein Christ. Im Weiteren ließ sich das Brautpaar kaum Zeit, sich besser kennenzulernen. Die meisten unserer Familienmitglieder sahen die Braut an der Hochzeit zum ersten Mal.

Die Hochzeitsvorbereitungen fanden ohne deine Mutter Fadila statt. Sie verbrachte die Zeit vor der Hochzeit in Tunesien. Hochzeitskarten kreierte die zukünftige Schwiegermutter – also deine Großmutter väterlicherseits. Dein Vater saß passiv daneben. Darüber ärgerte ich mich sehr, verdrängte aber wieder diese Gefühle – denn eine Hochzeit trägt doch immer etwas Schönes, etwas Zukünftiges in sich. Dazu kam, dass ich als Trauzeugin „auserwählt" wurde. Der Trauzeuge war übrigens dein Onkel Oliver.

Kurz vor der Hochzeit kam die Braut aus Tunesien zurück. Als Geschenk an unsere Familie brachte sie Souvenirs aus Djerba. Ich bekam ein buntes, besticktes, hemdähnliches Kleid, welches ich später der Sonntagschule vermachte – für das weihnachtliche Krippenspiel.

Die Ziviltrauung fand an einem freundlichen Spätsommertag statt. Am „schönsten Tag im Leben" kam die Braut in Schwarz. Das Kleid soll ihr ein Onkel geschenkt haben. Ich besorgte im letzten Moment den Brautstrauß. Es war weder eine typisch schweizerische noch eine typisch tunesische Hochzeit. Auf beiden Seiten fehlten wichtige Familienmitglieder. Von deiner Familie, liebe Samia, war bei der Trauung niemand da. Erst zum Abendessen kamen deine drei Tanten, die bereits in der Schweiz Wohnsitz hatten. Tante Amaira kam mit ihrer Tochter – also mit deiner Cousine Noura und mit neuem Partner aus Marokko. Auch deine Großeltern Mimi und Opi, wie du sie nennst, waren bei der Hochzeit ihrer Tochter nicht dabei. Ebenso fehlten die beiden Brüder deiner Mutter. Auch der Onkel, der deiner Mutter das Brautkleid geschenkt hatte, fehlte bei der Hochzeit. Von der Seite deines Vaters fehlten auch wichtige Personen: Gotte und Götti und auch Freunde. Lediglich der Chef von deinem Vater war noch zum Abendessen eingeladen.

Als das frischgebackene Ehepaar die Treppe des Gemeindehauses hinunterging, ohne sich zu berühren und ohne sichtbare Glücksgefühle, war die gegenseitige Fremde des Paares bereits erkennbar. Und in mir stieg das Bild von heranziehenden dunklen Wolken für die frisch Vermählten auf. Es sollte Schlimmeres kommen als nur ein Wolkenbruch…

Einblicke ins Scheitern

Liebe Samia, warum die Ehe deiner Eltern gescheitert ist, worunter du als Kind sehr gelitten hast, will ich dir anhand einiger Problemfelder in Kürze aufzeigen, die sich später in voller Kraft entfaltet haben.

Die tunesische Verwandtschaft

Es gab keine Hochzeitsreise. Stattdessen flog deine Mutter wieder nach Tunesien – alleine. Zurück kam sie mit deinen Großeltern, die ein Besuchervisum bewilligt bekamen. Dafür musste dein Vater eine Verpflichtungserklärung unterschreiben. Damit zeichnete er sich gleichzeitig verantwortlich für den finanziellen Bereich. Diese Gelegenheit wurde von deinen Großeltern jedes Jahr mehrmals genutzt. Die meiste Zeit wohnten sie bei deinen Eltern. Da dein Vater kein Arabisch und Französisch sprach, konnte er sich nur mit Übersetzungshilfe seitens deiner Familie mit ihnen verständigen.

Deine Großeltern waren aber nicht die einzigen Gäste. Immer wieder kamen auch deine Tanten, Kinder, Freunde, Bekannte und Fremde. Wochen-, ja monatelang wohnte auch dein Onkel Achmed bei deinen Eltern, obwohl er mit einer Schweizerin verheiratet war, die nur zwanzig Autominuten weg wohnte. Da nicht genügend Betten vorhanden waren, wurde auf dem Fußboden, auf Matratzen geschlafen. Der Stubenteppich wurde jeweils zusammengerollt, da er zum Gebetsteppich umfunktioniert wurde. Wie sich dein Vater mit deiner Verwandtschaft arrangiert hat, davon hat er nur selten etwas erzählt. Tatsache aber war: Ein „normales" Eheleben war von Anfang an nicht möglich. Wenn einmal keine Gäste da waren, suchte deine Mutter das Weite – ging zu ihren Schwestern nach Zürich und verbrachte die Nächte dort. Erst viel später haben wir erfahren, dass die Besuche deiner Mutter nicht nur ihren Schwestern galten, sondern auch ihrem langjährigen Freund.

Andere Interessen

Eine gastfreundliche Beziehung, oder überhaupt eine Beziehung, zwischen deiner tunesischen Familie und unserer kam nie zustande. Die Interessen deiner Mutter lagen stets bei den eigenen Landsleuten und Menschen aus afrikanischen Ländern. Immer wieder brachte sie fremdländische Gäste nach Hause.

Einmal rief mich dein Vater an, ob ich nicht die Bürgschaft für eine Person aus Tunesien übernehmen könnte. Das hieße, gleichzeitig für alle finanziellen Belange aufkommen zu müssen. Als ich ihn fragte, wieso er dies nicht selber tun könne, antwortete er, dass er bereits für fünf Personen verantwortlich sei. Ich fühlte, dass mein Bruder ausgenutzt wurde – und verneinte.

Integrations- und Identitätsprobleme

Nach der Heirat fand deine Mutter eine Anstellung im Detailhandel. Bald aber gab es Probleme. Es war die Rede von Diebstahl. Deine Mutter verließ die Anstellung. Ob es wirklich so war – darüber wurde nicht weitergesprochen. Deine Mutter ließ sich immer wieder zu Ladendiebstählen hinreißen, wie du später erfahren wirst. Auch dann, als sie bereits mit deinem Vater verheiratet war. Sie hätte es also nicht nötig gehabt zu stehlen. Was waren die Gründe? War es Aggression und Eifersucht gegen den Westen – eine These von Islamkennern? War es Identität durch Ware, wie es Psychologen oder Soziologen einordnen würden? Wie auch immer – für die Polizei und die Geschädigten war es schlicht kriminelle Energie. Dies gab zusätzliche Unruhe in die bereits vorbelastete Ehe deiner Eltern.

Wie viele Afrikanerinnen unterzog sich auch deine Mutter anfangs einer Behandlung zur Aufhellung der Haut, wofür dein Vater wiederum wenig Verständnis hatte. Was erhoffte sie sich wohl damit? Tatsache war, dass deine Mutter ein ständiges Misstrauen und aggressives Benehmen an den Tag legte. So ist sie zum „Problem" geworden.

Geld, Ohrfeige und hohe Ansprüche

Dass von der tunesischen Seite niemand Geld hatte, stellte sich schnell heraus. Dafür war ja jetzt dein Vater da. Schließlich arbeitete er auf einer Bank. Deine Mutter scheute sich nicht, ihm die hohen Honorarrechnungen ihrer Anwälte vorzulegen. Auch die Bussen aus Verkehrsverstößen und Rechnungen von deinen Tanten landeten auf dem Bürotisch deines Vaters. Und dein Vater zahlte.

Wenige Monate nach der Hochzeit ohrfeigte deine Mutter deinen Vater. Es ging um neunzigtausend Franken und um ein Ferienhaus, das in Tunesien gekauft werden soll. So stand es später in den Scheidungsakten. Nachdem deine Mutter sich für die Ohrfeige entschuldigt hatte, bekam sie das Geld. Dein Vater nahm einen Kredit auf. Das Konto bekam den Namen „Djerba". Deine Mutter reiste, das Geld im Büstenhalter versteckt, nach Tunesien. So wurde es erzählt. Es blieb nicht bei den neunzigtausend Franken. Einen Monat später überwies dein Vater für das Ferienhaus nochmals über vierzehntausend Franken auf den Namen deiner Mutter – für Renovationsarbeiten. Ein Jahr später bekam deine Großmutter zehntausend Franken überwiesen. Uns so ging es weiter. Deine Tante Faria bettelte ihm zwölftausend Franken ab, mit dem Versprechen, diesen Kredit zurückzuzahlen. Da dein Vater es verpasst hatte, dieses Darlehen notarisch zu beglaubigen, konnte er später auch nie Anspruch darauf erheben. Er bekam es nie zurück. Auch scheute sich dein Großvater nicht, von seinem Schwiegersohn Geld zu verlangen, obwohl doch auch deine Mutter einer Arbeit nachging und Geld verdiente.

Deine Mutter hatte das Ferienhaus übrigens als alleinige Eigentümerin gekauft. Dein Vater hat nie einen Schlüssel erhalten. Dieser blieb in den Händen deiner tunesischen Familie.

All die Zahlungen, die dein Vater getätigt hatte – wurden ihm beim Scheidungsverfahren – von der Gegenseite als „freiwillig" und somit mit seinem „Einverständnis" bewertet. Welcher Druck oder welches Gezänk dahinter stand, blieb auf der Strecke. Weitere Unruhe in Sachen Geld gab es, als deine Mutter hundertdreißigtausend Franken verlangte, um ein Restaurant im Kanton Zürich zu eröffnen. Davon berichte ich dir später.

Das Unvermögen

Warum es so kam, wie alles gekommen ist, lag sicher nicht allein an deiner tunesischen Familie.

Das Unvermögen deines Vaters war, dass er nicht über seine Probleme sprach, sie nie zu Ende dachte und dann die nötigen Schritte unternahm. Aus Angst und Scham wegen des Scheiterns seiner Ehe wurden die Probleme verdrängt. Die ständigen Zänkereien ums Geld – dann, auf der anderen Seite die Verpflichtung, ein guter Ehemann und Vater zu sein, der die Wünsche seiner tunesischen Familie erfüllt – diese Spannung schwächte immer mehr sein Selbstvertrauen. Er erkannte nicht mehr, dass auch er als Mensch und Ehemann Rechte hatte. Die ganze Situation entglitt ihm. Man kann es mit einem Sektenmitglied vergleichen, das den Weg nicht mehr fand, aus der Sondergemeinschaft auszusteigen.

Fast eine Familie

Liebe Samia. Wie bereits erwähnt, wussten wir von Anfang an sehr wenig von deiner tunesischen Familie. Mit deiner Geburt änderte sich dies etwas. Nach und nach bekamen wir Einblicke in einige Aktivitäten deiner Verwandtschaft, die man leider nicht zu den „Happy Days" zählen kann. Und du, wenn du jetzt die folgenden Zeilen liest, bekommst davon lediglich einen kleinen Ausschnitt erzählt.

Es ist ein Mädchen!

Es ist ein Mädchen – und Samia soll es heißen! Ein Mädchenname arabischer und hebräischer Herkunft, der übersetzt „Prinzessin" bedeutet. Schwanger haben wir deine Mutter nie gesehen. Es fand ja kein Kontakt statt. Deine Geburt war für meinen Ehemann Mischa und mich eine gute Gelegenheit, diesbezüglich einen Neuanfang zu wagen. Als Geschenk kauften wir für dich ein Lammfell, auf dem du es „kuschelig" haben sollst und dich gut entwickeln würdest. Und natürlich waren wir auch auf dich neugierig. Mischlingskinder sind doch immer etwas Besonderes. Dein Vater nahm uns mit ins Spital. Als wir eintrafen, war deine Mutter gerade am Stillen und umringt von ihrer Familie. Hier traf ich zum ersten Mal deine Großmutter Mimi. Später sollte ich ihr noch einmal begegnen. Unseren Spitalbesuch habe ich eher störend als willkommen empfunden. Während dein Vater noch blieb, verabschiedeten wir uns nach kurzer Zeit wieder. Durch deine Tante Raja ließen wir uns noch übersetzen, was deine Großmutter Mimi uns mitteilen wollte: „Samia hat die hohe Stirn von ihrem Vater."

Nerven liegen blank

Kaum zurück vom Spital gab es zu Hause Krach. Es war einmal mehr ein inszenierter Streit deiner Mutter, damit sie einen Grund hatte, wegzugehen. Dein Vater blieb dann jeweils alleine zurück –

mit Schuldgefühlen. An jenem Samstagmorgen warf deine Mutter den Wäschekorb nach deinem Vater und beschimpfte ihn. Und das vor der Verwandtschaft und den Kindern, die zu Hause als Gäste logierten. Das war zu viel für meinen Bruder. Am Sonntagmorgen um 6 Uhr weckte mich dein Vater mit seinem Anruf und mit den Worten: „Ich kann nicht mehr. Sie wollen nach Zürich und das Kind jemandem zeigen." Ich hatte deinem Vater schon länger angeboten, wenn er nicht mehr weiterkommt, soll er mich anrufen. Jetzt war es so weit. Vierzig Minuten später öffnete mir dein Vater die Haustür. Alle schliefen noch. In der Stube lagen Großvater Opi, eine Tante und zwei Kinder auf Matratzen auf dem Fußboden. Die Teppiche waren zusammengerollt. Im Gästezimmer schliefen deine Mutter, deine Großmutter Mimi und du im Kinderwagen. Dein Vater schlief im Elternschlafzimmer. Das Bett neben ihm war leer. „Immerhin", dachte ich, „verteidigt er sein eigenes Bett." Wir flüsterten kurz: „Wo sind die Autoschlüssel?", fragte ich ihn. Ich holte sie und behielt sie in der Hand mit der Absicht, ein Weggehen seiner tunesischen Familie zu verhindern. In der Zwischenzeit war deine Mutter aufgewacht. Als sie mich sah, weckte sie deine Großmutter Mimi und den Rest der Familie. In der Zwischenzeit hatte sich deine Großmutter Mimi auf den Bettrand von deinem Vater gesetzt. Sie sah, dass er nahe an einem Nervenzusammenbruch war und streichelte immer wieder seine Hand. Ich saß daneben – und überlegte, ob ich sie nicht stoppen soll. Immerhin war auch sie nicht ganz unschuldig an der Befindlichkeit ihres Schwiegersohnes. Ich ließ aber davon ab, da dein Vater es sich gefallen ließ – oder einfach keine Kraft hatte, sich gegen die Berührung zu wehren.

Nun aber begann die Auseinandersetzung um den Autoschlüssel, den mir dein Vater bereits gegeben hatte. Immer wieder versuchte deine Mutter, mir den Schlüssel zu entreißen. Es gab ein Hin und Her. Schließlich kamen wir in der Stube an, wo dein Großvater Opi sich inzwischen auf das Sofa gesetzt hatte. Ich sah ihn zum ersten Mal und das sollte zugleich das letzte Mal sein. Ich begegnete einem kleinen, älteren Mann. In Tunesien soll er Polizist von Beruf gewesen sein. Jetzt war er Rentner. Widerwillig und ohne Blickkontakt gab er mir die Hand, nachdem ich deine Mutter gebeten hatte, mir ihren Vater vorzustellen – eine kuriose Situation mitten im Streit um einen Autoschlüssel.

Die Diskussionen und das Gerangel um den Autoschlüssel gingen weiter. Schließlich stand dein Vater auf und gab mir zu verstehen, dass ich nachgeben soll. Und im Grunde wusste ich auch, dass ich keine Chance hatte. So überließ ich den Schlüssel deiner Mutter. Immerhin blieb deine Familie an diesem Sonntag zu Hause. Am Montag holten sie nach, was sie für den Sonntag geplant hatten: Sie fuhren nach Zürich, um dich, Samia, jemandem zu zeigen. Wer dieser „Jemand" war, wissen wir bis heute nicht. Dein Vater ging am Montagmorgen, wie gewohnt, seiner Arbeit nach.

Babypause im Versandhaus

Nicht lange nach deiner Geburt, Samia, und immer noch im Schwangerschaftsurlaub, ließ sich deine Mutter in einem Versandhaus anstellen, obwohl sie bereits eine Teilzeitstelle im Detailhandel hatte. Deinem Vater erzählte sie, dass sie mit dir in Tunesien sei. Wer dich in dieser Zeit betreut hat, weiß dein Vater bis heute nicht. Deine Mutter hat vermutlich bei einer deiner Tanten gewohnt – oder bei einem Freund. Möglicherweise wurdest du von deinen Tanten oder deiner Großmutter Mimi betreut – oder einer Kita übergeben. Vermutungen.

Entsetzt und zugleich mit Traurigkeit in seinem Gesicht, hat sich darüber der Scheidungsanwalt deines Vaters geäußert: „Wie kann eine Mutter ihr Neugeborenes weggeben – ein hartes Stück!" Anwalt Fuchs, der Scheidungsanwalt deines Vaters, wirst du später kennenlernen.

„Räuber- und Poli-Spiele"

Liebe Samia. Unter dem Titel „Räuber- und Poli-Spiele" erfährst du einige Dinge über deine Familie, die dir vermutlich nicht gefallen werden. Auch uns haben sie nicht gefallen. Die Dokumente von den Verfehlungen deiner Familie haben dein Vater und seine Geschwister teilweise beim Hausputz gefunden, lange Zeit, nachdem du und deine Mutter von zu Hause nach Zürich ausgezogen seid. Die „Fälle", konnten wir nicht lückenlos rekonstruieren. Dazu fehlten immer wieder die nötigen Unterlagen. Aber das tut nichts zur Sache. Vieles liegt auch heute noch im Dunkeln.

Ein Geburtstag und ein Strafbefehl

Wie bereits erwähnt, hatte deine Mutter eine Bereitschaft zum Diebstahl. Ebenso deine Tante Faria. Zwei Tage vor deinem ersten Geburtstag fassten deine Mutter und ihre Freundin Wafti den Plan, zusammen ein namhaftes Warenhaus in Zürich zu „durchstreifen". Das heißt, Ware zu entwenden, ohne diese zu bezahlen. Beinahe wäre die Aktion auch gelungen, wäre da nicht auch ein Ladendetektiv unterwegs gewesen. So kam es, wie es kommen musste: Die drei Frauen wurden auf frischer Tat ertappt – mit dem Diebesgut von über tausend Franken. Die fremde bewegliche Sache, die sich die drei Diebinnen angeeignet hatten, waren diverse Parfüms verschiedener Marken. Die Ware verstauten sie in einer mitgebrachten Tasche.

Die Polizci wurde eingeschaltet und verhaftete die drei Frauen. Zwei Nächte mussten sie im Gefängnis verbringen. Bald darauf bekam deine Mutter Post von der Bezirksanwaltschaft Zürich mit dem Inhalt eines Strafbefehls. Dieser stellte ausdrücklich fest, dass deine Mutter sich des Diebstahls schuldig gemacht hat und dafür sie zu betrafen sei. Denn das Gesetz sagt, wer sich oder einen anderen mit Diebesgut unrechtmäßig bereichert, der muss mit einer Strafe und zusätzlichen Kosten rechnen.

Wie dein erster Geburtstag – übrigens ohne deinen Vater – noch gefeiert wurde – bleibt offen. Was den Strafbefehl betrifft, wusste deine erfahrene Mutter, dass ein solcher nicht unbedingt das letzte Wort haben muss. Das Rezept: Man nehme sich einen guten Anwalt, der die ganze Angelegenheit in ein anderes Licht rückt. Das hat ihr Anwalt dann auch gemacht und konnte eine einstweilige Verfügung erwirken, die eine Anklage nicht zuließ. Unstimmigkeiten und Widersprüche wurden hervorgehoben. So die unterschiedlichen Zeitangaben in den verschiedenen Rapporten. Dann wurde die Arbeit des Ladendetektivs kritisiert. Nicht erwähnt worden sei in den Berichten die Verkäuferin, die den Ladendetektiv unterstützte. Und überhaupt – die Angeklagte könnte ihr Geständnis ja jederzeit widerrufen.

Das Ziehen um Schuld und Unschuld – die Spannung zog sich über ein Jahr hin. Das Aufmischen des Strafbefehls durch den betreffenden Anwalt hat schließlich doch nicht gefruchtet. Er musste sich geschlagen geben. Der Verteidiger deiner Mutter hatte die ganze Angelegenheit nochmals überprüft und war zum Schluss gekommen, dass – weil insbesondere auch deine Tante Faria in den Fall verwickelt war – auch deine Mutter vom Obergericht verurteilt würde. Dieses würde eher den Aussagen des Ladendetektivs glauben als denen deiner Mutter. Im Weiteren belasteten den Fall die Diebstähle in den verschiedenen Boutiquen. Diese könnten das Strafmaß noch erhöhen oder die Dauer der Probezeit verlängern.

Somit legte der Anwalt deiner Mutter keine weitere Berufung mehr ein und tröstete deine Mutter, dass sie bloß zwei Jahre lang ohne „Weiße Weste" leben müsse. Im Brief beigelegt lag ein Einzahlungsschein – zur Begleichung der Anwaltskosten.

Bandenmäßiger Diebstahl

Bei einem weiteren „bandenmäßigen Diebstahl" (der Ausdruck stammt von einem Anwalt) gesellten sich deine Mutter, deine Tante

Faria und eine Manneskraft. Du warst gerade mal zwei Jahre alt, als das Dreierteam vom Bezirksgericht Zürich eine Vorladung bekam:

Die Manneskraft wurde wegen Drohung etc. vorgeladen. Deine Tante Faria wegen mehrfachem Diebstahl etc. und Widerruf – und deine Mutter wegen mehrfachem Diebstahl.

Alle hatten ihren eigenen Rechtsanwalt. Wie der obengenannte Fall weiterging, wissen lediglich die Angeklagten, ihre Anwälte und die Betroffenen.

Der Lastwagen

„Ich habe noch einen Lastwagen", sagte mir dein Vater vom Spitalbett aus – nach dem ersten Schlaganfall, als wir versuchten einen Überblick über seine Finanzen zu bekommen. „Einen Lastwagen?", fragte ich ihn erstaunt. Ungeduldig wiederholte er das Wort „Lastwagen". Der besagte Lastwagen entpuppte sich schließlich als BMW X5! Und so begann die Geschichte mit dem „Lastwagen" – mit dem BMW X5:

Es geschah anfangs Januar. Du warst gerade mal zwei Jahre alt – als die Polizei zu dir nach Hause ausrücken musste. Es ging um einen nachbarschaftlichen Streit, in den deine Mutter und deine Tante Faria verwickelt waren. Aus dem Schlussbericht des Untersuchungsrichters ist folgender Streitpunkt festgehalten:

Fritz Hunziker, damals euer Nachbar, hatte für deine Tante Faria einen Leasingvertrag abgeschlossen. Von diesem Vertrag wollte nun Fritz Hunziker wieder zurücktreten. Damit aber waren deine Tante und auch deine Mutter nicht einverstanden. Es kam zu einer heftigen Auseinandersetzung. Als sich der Nachbar von deiner Familie genötigt und mit dem Tod bedroht fühlte, rief er die Polizei zur Hilfe. In der Fortsetzung zeigte der Bedrängte und Verängstigte Fritz Hunziker deine Mutter und Tante an und es kam zu einem

Strafverfahren. In diesem werden deine Mutter und deine Tante der Drohung und Nötigung beschuldigt.

Dem damaligen Untersuchungsrichter aber erschien lediglich ein Teil des Sachverhalts als bewiesen und glaubwürdig. Als bewiesen war die Sache mit dem Leasingvertrag. Bezweifelt jedoch wurde der Tatbestand der tödlichen Bedrohung. Zudem – da deine Tante Faria die Drohungen bestritt und deine Mutter diese auch als nicht glaubhaft erklärte, beantragte der Untersuchungsrichter die Einstellung des Strafverfahrens gegen deine Mutter und deine Tante.

Für den Untersuchungsrichter, der seinen Bericht der Staatanwaltschaft weiterleitete, war der Fall abgeschlossen. Nicht abgeschlossen jedoch war die Sache mit dem BMW X5, der nun, sozusagen führerlos, vor der Haustür stand. Und so ging die Geschichte weiter:

Was deine Mutter und deine Tante beim Nachbarn nicht geschafft haben, gelang ihnen bei deinem Vater. Sie konnten ihn überreden, den Leasingvertrag zu übernehmen. So wurde dein Vater zum neuen „Strohmann". Das heißt, er wurde zu einer Person, die für eine andere Person, in diesem Fall für deine Tante Faria, auftritt, die selbst nicht in Erscheinung treten will oder darf. Wie die privaten Umstände deiner Tante Faria damals wirklich waren, bleibt verborgen. Tatsache aber war, dass die finanziellen Verhältnisse deiner Tante so schlecht waren, dass sie zur Sozialhilfeempfängerin wurde. Das heißt, sie erhielt Geld von den Zürcher Steuerzahlern. Wer Sozialhilfe bezieht, darf nach den Regeln und dem Gesetz kein Auto besitzen, denn dieses gehört zu den „Luxusgütern". Aber es gibt eine Ausnahmeregel: Wer spart, darf ein Auto besitzen. Deine Tante Faria aber zählte zu den Nichtsparerinnen. Trotzdem. Deinen Vater versprach sie, die monatlichen Leasingraten von tausendzweihundert Franken und sämtliche anlaufende Kosten für den BMW X5 zu übernehmen.

Bereits sechs Wochen später meldete sie einen Parkschaden – ohne Zeugen – über sechstausend Franken. Den größeren Teil davon bezahlte die Versicherung – den Rest dein Vater. Sieben Monate später musste er bereits für zwei Leasingraten „einspringen" – weil sie kein Geld hatte. Einige Wochen zuvor erbettelte sie von deinem Vater die bereits erwähnten zwölftausend Franken. Dies alles passierte innert zehn Monaten, nachdem dein Vater den Leasingvertrag für deine Tante Faria abgeschlossen und seinen ersten Schlaganfall erlitten hatte.

Tatsache ist: Was hier als „kleinbürgerlicher" Nachbarschaftsstreit begann, ist zu einem Familiendrama und Politikum geworden, das in der Vergangenheit bereits mehrere Male zu Schlagzeilen und Diskussionen in den Medien geführt hat. Darüber wirst du beim Weiterlesen noch mehr erfahren.

Verwarnung Migrationsamt

Liebe Samia, eigentlich habe ich dir schon genug davon erzählt, wie die Verfehlungen deiner Mutter die Ehe deiner Eltern belasteten. Auch dem Migrationsamt wurde es offenbar langsam aber sicher zu viel. Denn, wenn Ausländerinnen und Ausländer zu oft in den Konflikt mit der Rechtsordnung der Schweiz kommen, ist das auch ein Fall für das Migrationsamt. So schrieb dieses, einen Monat nach deinem dritten Geburtstag, einen Einschreibebrief mit Rückschein an deine Mutter.

Im Brief nahm das Migrationsamt Bezug auf die verschiedenen Diebstähle deiner Mutter, wofür sie vom damals zuständigen Bezirksgericht zu einer bedingten Gefängnisstrafe von mehreren Wochen verurteilt wurde. Wegen diesen genannten Verfehlungen warnte das Migrationsamt deine Mutter und wies sie auf die möglichen ausländerrechtlichen Konsequenzen hin. Sollten weitere Vergehen und Straffälligkeiten gemeldet werden, müsste deine Mutter mit einer entsprechenden Verfügung rechnen. Bevor aber eine solche veranlasst würde, habe sie das Recht, sich dazu schriftlich zu äußern.

Deine Mutter bekam vom Migrationsamt eine Frist von zwanzig Tagen, sich dazu zu äußern. So die Rechtsgrundlage. Sollte sie eine Stellungnahme verweigern, würde – aufgrund der vorliegenden Akten – selber entschieden.

Welche Konsequenzen so eine Verfügung gehabt hätte, weiß ich nicht. Tatsache aber war, dass aus dem Vorsatz deiner Mutter, eine bessere Familienfrau zu werden, nichts wurde.

Kosten der „Räuber- und Poli-Spiele"

Jedes Spielzeug kostet etwas – außer man entwendet es ohne zu bezahlen. Wird man dabei aber erwischt – kostet es – und es kostet mehr, als die Ware wert ist. So erging es auch deiner Mutter und Familie. Es waren die Anwaltskosten, die in die tausende von Franken gingen. Nicht selten mussten die Anwälte deiner Mutter ihre Lohnforderungen regelrecht erbitten, ansonsten eine Verteidigung nicht mehr gewährleistet war. Wiederum rechneten die Anwälte mit dem Geld deines Vaters, das ihnen deine Mutter versprochen hatte. Verfallanzeigen folgten auch von einer Bank, bei der deine Mutter einen größeren Kredit aufgenommen hatte. Wofür sie den Kredit brauchte, blieb offen. Wir wussten aber, dass die Kosten der „Räuber- und Poli-Spiele" deiner Mutter für die bereits problembehafteten Familienverhältnisse immer wieder zur Zerreißprobe wurden.

Die Sache mit dem Schweizer Pass

Fast hätte es geklappt – die erleichterte Einbürgerung – wären da nicht die „bestimmten Voraussetzungen" gewesen. Zu diesen gehörte auch der rege und freundschaftliche Kontakt zu der Familie, in die ausländische Ehegatten eingeheiratet haben. So kam von der Gemeinde ein Formular mit unter anderen folgenden Fragen an unsere Familie:

- Werden freundschaftliche Beziehungen zwischen beiden Familien gepflegt?
- Finden regelmäßig gegenseitige Einladungen statt?

Zwei Familienmitglieder, die dein Vater ausgesuchte hatte, mussten diese Fragen wahrheitsgetreu beantworten und mit ihrer Unterschrift bezeugen. Da nie Einladungen stattfanden, gab es hier ein großes „Nein". Auch der damalige Arbeitgeber erhielt ein Formular.

Eine weitere „bestimmte Voraussetzung" für eine erleichterte Einbürgerung war: „Die schweizerische Rechtsordnung zu beachten". Da deine Mutter bereits aktenkundig war, hat dies mit großer Wahrscheinlichkeit auch dazu beigetragen, dass ihr die erleichterte Einbürgerung verweigert wurde. So ist der verpasste Schweizer Pass vorerst zu einem „Eigengoal" im Lebenslauf deiner Mutter geworden. Unmittelbare Anstrengungen, den Schweizer Pass doch noch zu erlangen, blieben erfolglos.

Der Hauskauf

An einem Junitag kaufte dein Vater eine Liegenschaft, die mehr Platz an Räumlichkeiten bot als die Mietwohnung zuvor. Unsere Familie war äußerst beunruhigt über diesen Kauf. Wie kann man ein Haus kaufen, wenn die Ehe bereits unter einem schiefen Dach steht? Es war nur noch eine Frage der Zeit, bis eine Scheidung unausweichlich wurde. Wir gaben deinem Vater zu verstehen, dass er bei einer Scheidung wieder aus dem Haus und dieses für lange Zeit Frau und Kind überlassen müsste. Es nützte nichts. Das Haus wurde gekauft. Einmal mehr ist deine Mutter „durchgekommen" mit der Forderung ihrer Verwandten, die nicht mehr auf dem Fußboden schlafen wollten.

Die Hausbesichtigung unsererseits gab es erst, als die „Luft rein war", das heißt, als du und deine Mutter gerade in Tunesien die Ferien verbrachten. Freudig, und mit etwas Stolz, zeigte uns dein Vater die Räumlichkeiten seiner erworbenen Liegenschaft.

Durch den Hauskauf haben sich die Schwiegereltern ermuntert gefühlt, beim Migrationsamt einen Antrag für eine „lange Aufenthaltsbewilligung" zu stellen. Mit anderen Worten, um vermehrt in der Schweiz bleiben zu können, in der Nähe ihrer vier Töchter und in deiner Nähe „ihres kleinen Mädchens Samia". Denn in Tunesien war niemand mehr da, der für sie sorgen würde. (Dein Onkel Achmed, der auch in der Schweiz Wohnsitz hatte, wurde im Brief nicht erwähnt, ebenso nicht erwähnt wurde der in Deutschland wohnhafte Sohn.) Der Antrag wurde ohne vorherige Absprache mit deinem Vater gestellt. Dafür wurde dieser unterstützt durch den Freund deiner Mutter.

Was den neuen Mann im Leben deiner Mutter betrifft, so vermutete unsere Familie schon länger, dass sie eine uneheliche Beziehung pflegte. Unsere Vermutung bestätigte sich dann auch nach dem ersten Schlaganfall deines Vaters. Wer dieser Freund war, erfuhren wir allerdings erst während des unschönen und langwierigen Scheidungsverfahrens. Darüber berichte ich dir später.

Schlag auf Schlag

Liebe Samia, unter dem obigen Titel erzähle ich dir aus der Zeit der gesundheitlichen Schicksalsschläge, die deinen Vater hart getroffen haben, die zu bleibender Invalidität führten und Familie und Angehörige aus den Bahnen warfen. Damals warst du gerade mal drei Jahre alt.

Ein Schlaganfall kündigt sich an

Es war an einem Sonntag vor dem ersten Schlaganfall, sieben Tage, bevor du und deine Mutter wieder aus Tunesien zurückerwartet wurden. In dieser Zeit war auch gerade Mischa, mein Ehemann, also dein Onkel, in Japan auf Geschäftsreise. So entschied ich mich, deine Großeltern, also die Eltern deines Vaters, und deinen Papi zum Essen einzuladen. Wir besuchten ein Restaurant in der Wohnnähe. Ich erinnere mich noch gut, dass dein Vater sich überhaupt nicht an den Gesprächen beteiligt hatte. Still und in sich gekehrt, aß er zu Mittag – und sprach wirklich kein Wort. Seine Haltung verriet mir zwar, dass etwas nicht stimmte, ich konnte es aber nicht einordnen. Das heißt, ich schrieb dies seinen Eheproblemen zu, in die wir bereits einen kleinen Einblick hatten. Da er mein Gast war, wollte ich ihn nicht drängen, etwas zu erzählen. Nach dem Essen zog er sich rasch zurück. Er sagte, dass er sehr müde sei und nun schlafen gehe. Erst später erkannte ich, dass seine „Sprachlosigkeit" am Mittagstisch bereits ein Vorzeichen seines kommenden Schlaganfalls war.

Eine Veränderung seines Verhaltens hatte auch seine damalige Sekretärin bemerkt: „Er hatte in letzter Zeit immer wieder Aussetzer", erinnerte sie sich später. Dein Vater aber verdrängte diese Signale – oder konnte sie einfach selber nicht einordnen.

Der erste Schlaganfall

Liebe Samia, der erste Schlaganfall ereignete sich an einem Novembertag, an seinem Arbeitsplatz – vor dem Computer. Plötzlich wusste dein Papi nicht mehr weiter. Er ging zum Chef und sagte, dass er sich nicht wohl fühle und nach Hause möchte. Sein Chef bot ihm noch seine Hilfe an. Dein Vater aber traute sich zu, alleine nach Hause zu finden. Später haben die Ärzte gesagt, dass das eigentlich nur möglich war, weil sein Arbeitsweg in seinem Langzeitgedächtnis gespeichert war. So kam er mit dem Zug an seinem Wohnort an und bestieg anschließend noch den Bus. Dein Vater ging zuerst zu sich nach Hause, um sich auszuruhen. Gegen Abend suchte er die Eltern auf. Vermutlich hatte er jetzt gespürt, dass er einen Rat brauchte – für das, was da mit ihm passierte. Du und deine Mutter waren zu diesem Zeitpunkt noch in Tunesien in den Ferien.

Deine Großmutter war gerade mit der Zubereitung des Nachtessens beschäftigt. Es gab „Gschwellti mit Käse". Gleich spannte sie deinen Vater zur Mithilfe beim Kartoffelschälen ein. Da bemerkte sie, dass etwas mit seiner Motorik nicht stimmte und auch mit seiner Sprache. Ein Arztbesuch drängte sich auf. Aber es war Donnerstag, da sind alle Arztpraxen geschlossen. Deinen betagten Großeltern kam die Notfallstation nicht in den Sinn. So ging dein Papi nach dem Nachtessen wieder nach Hause – schlafen! (Später sagte eine Ärztin, dass er ein ungemeines Glück gehabt habe, denn in dieser Nacht hätte er sterben können!)

Am nächsten Morgen, wie abgemacht, ging dein Vater wieder zu seinen Eltern, um zu frühstücken. Danach sollte es zum Arzt gehen. Dein Großvater begleitete ihn. Der Arzt hatte den Ernst der Lage sofort erkannt und ihn umgehend ins Spital eingewiesen. Endlich war dein Papi unter ärztlicher Kontrolle.

Am Freitag informierte mich meine Mutter, dass mein Bruder im Spital sei. Ich war verärgert, dass man mich nicht schon am Donnerstag informiert hatte. Nach ihrer Beschreibung des Krankheitsbildes hätte ich sofort einen Schlaganfall erkannt. Noch am selben Abend besuchte ich deinen Papi in der Intensivstation. Eine Krankenschwester begleitete mich durch den langen Gang zur Notfallstation. „Jetzt nimmt es mich wunder, ob er sie erkennt und ihren Namen weiß", sagte sie. Ich fand meinen Bruder – am Kopf mit lauter Schläuchen versehen im Krankenbett. Er erkannte mich und nannte auch meinen Namen. Ich war sehr froh darüber. So, dachte ich, ist alles nicht so schlimm und kann wieder gut werden. Ich konnte einige Sätze mit ihm austauschen. Zu meiner Verwunderung sprach er nicht Mundart, sondern nur Hochdeutsch.

Inzwischen suchte deine Mutter deinen Vater per Telefon. Er sollte euch bei der Rückkehr aus Tunesien am Flughafen abholen. Da sie ihn weder zu Hause noch auf dem Handy erreichen konnte, rief sie deine Großeltern an. Noch heute ärgert sich deine Großmutter über die erste Reaktion deiner Mutter auf den Schlaganfall deines Vaters: „Ist er tot?"

Anschließend rief mich deine Mutter an. Ich hatte die Wahl, euch am Flughaben abzuholen oder euch durch Freunde abholen zu lassen. Ich bot meinen Fahrdienst an. Am Flughafen fand ich dich und deine Mutter und überraschenderweise auch deine Großmutter Mimi vor. Ich ärgerte mich sehr über deine Mutter, dass sie in dieser Situation auch ihre Mutter noch mitnehmen musste – jetzt, wo ihr Ehemann doch sehr erkrankt war und Ruhe brauchte.

Immer noch am Flughafen, tauchte plötzlich ein arabisch aussehender Mann auf, schoss auf deine Mutter und dich zu, küsste euch und verschwand wieder, so schnell, wie er gekommen war. Bei diesem Zwischenfall verzog deine Mutter keine Miene. Ich aber fragte mich: „Was läuft da zwischen diesem Mann und deiner Mutter?"

Auf der Heimfahrt sah ich im Rückspiegel immer wieder das Gesicht deiner Großmutter Mimi, umrahmt vom schwarzen Tschador. Daraus schauten zwei freundliche Augen, die nichts von der Listigkeit und vom „Fäden ziehen" im Hintergrund verrieten. Das heißt, dass sie einen entsprechenden Einfluss auf die Ehe deiner Eltern ausübte.

Und du, Samia, hast auf der ganzen Fahrt arabisch gesprochen. Nur ein Wort habe ich verstanden, das du immer wieder gesagt hast – es war der Vorname deines Vaters – Manuel.

Am selben Abend besuchte deine Mutter Manuel im Spital. Da sie nicht sofort in die Intensivstation zugelassen wurde, beschimpfte sie heftig das Pflegepersonal. „Ich bin Frau Müller und will sofort zu meinem Mann!" Das erzählte mir bei einem weiteren Spitalbesuch die Krankenschwester, die mich das erste Mal zu meinem Bruder begleitet hatte.

In der Rehaklinik

Nach einem dreiwöchigen Spitalaufenthalt folgte ein dreimonatiger Aufenthalt in einer Rehaklinik.

Für deinen Vater war das eine besondere Herausforderung. Er musste wieder neu sprechen und lesen lernen – Aufgaben machen – wie in der Primarschule. Auch die Motorik musste wieder eingeübt werden. Ein gutes Jahr zuvor wurde bei ihm Diabetes Typ A festgestellt. Das heißt, er musste sich täglich mehrmals das Insulin spritzen. Nun war er auch hier auf die Hilfe von Pflegepersonal angewiesen. Auch wenn man, vom äußeren Erscheinungsbild, kaum einen Schlaganfall vermutet hätte, so war er eben doch da – der Schlag – und nicht zu wenig. Einmal, als Mischa und ich ihn besuchten, las er uns das Fernsehprogramm vor. Immer wieder las er und blätterte, Seite um Seite, und sagte stets seinen Vor- und Nachnamen. Wir wollten ihn korrigieren, dass da etwas anderes steht als sein Name, aber er begriff es nicht. So ließen wir davon ab und wussten, dass er noch einen langen Weg vor sich hatte.

Ich besuchte ihn so oft es ging, das war meist erst gegen Abend oder am Wochenende möglich. Denn er hatte durch den Tag immer wieder Therapien. Unsere Familie lernte auch die neuen Wörter kennen, wie: Logopädie, Ergotherapie, Physiotherapie und was sie alles beinhalteten. Bei einem anderen Besuch, diesmal ging ich mit deinem Großvater, sagte dein Vater einmal im vollen Selbstvertrauen: „Es ist zehn Uhr." Aber es war erst 17.00 Uhr. Bei einer anderen Gelegenheit sagte er: „Heute ist ein schöner Hut." Dabei meinte er aber ein schönes Wetter. Da er wusste und merkte, wie ihm die Wörter fehlten und durcheinandergerieten, vermied er es meist zu sprechen. Trotz seiner Sprachlosigkeit konnte man ihm aber nichts vormachen, und er überraschte immer wieder mit seiner Präsenz.

Deine Mutter hatte deinen Vater selten besucht. An einem Abend brachte sie dich mit in die Rehaklinik. Daran kannst du dich vermutlich heute kaum erinnern. Dir hat das Spitalbett so gut gefallen, dass du es gleich in Beschlag genommen hast und auf und ab und unter die Decke gekrabbelt bist. Besonders beeindruckt hat dich, wie man das Bett durch Knopfdruck bewegen konnte.

Bei einem weiteren Besuch, das erzählte mir dein Vater, hast du mit dem Stuntscooter den großen Platz der Cafeteria in Beschlag genommen und bist auf und ab gefahren. So schnell, dass ein Patient im Rollstuhl Angst bekam, dass du in seine verletzten Beine hineinfahren würdest. Es kam zu einer Auseinandersetzung zwischen dem Patienten, der Frau aus der Cafeteria und deiner Mutter. Darauf beschimpfte deine Mutter die Frau von der Cafeteria heftig, sodass diese zu weinen anfing. Unter anderem soll deine Mutter gesagt haben, ob sie es im Leben nicht weitergebracht hätte, als in einer Cafeteria zu arbeiten.

Ein weiterer Besuch, ein Sonntagsbesuch deiner Mutter, dauerte gerade mal fünf Minuten. Du warst diesmal nicht dabei. Sie hatte sich eine große dunkle Sonnenbrille aufgesetzt und brachte die Post mit den Rechnungen. Draußen warteten Verwandte und Freunde auf sie. Dann fuhren alle wieder weg. Die Enttäuschung war deinem Vater anzusehen.

Die neue Situation war in besonderer Hinsicht eine Herausforderung für deine Mutter. Bis jetzt hatte sie alleine die Kontrolle über ihren Ehemann. Jetzt sorgten sich plötzlich Ärzte, Pflegepersonal, Sozialarbeiterinnen und der Arbeitgeber um ihn – und nicht zuletzt die Familie ihres Ehemannes. Das brachte ihr Doppelleben ins Wanken.

Gegen Ende des Rehaklinik-Aufenthaltes konnte dein Vater jeweils am Wochenende nach Hause, sofern sein Diabetes nicht „verrückt" spielte. Die spitalexterne Pflege „Spitex" kam jeweils dreimal täglich, um ihn beim Spritzen des Insulins zu unterstützen.

Haushaltbudget und IV Formular

Der Schlaganfall forderte eine Neuorientierung in verschiedenen Bereichen des Lebens. Dazu zählte auch das Thema Finanzen. Um dieses Anliegen kümmerten sich Sozialarbeiterinnen der Rehaklinik. Dazu gehörte im Besonderen auch die Festlegung des Haushaltgeldes für deine Mutter. Immerhin konnte die Sozialarbeiterin ein Haushaltgeld mit deiner Mutter vereinbaren, welches auf ihr persönliches Konto überwiesen wurde. Als wir merkten, dass deine Mutter munter immer wieder Geld von den Konten deines Vaters abhob, ließen wir sämtliche Konten sperren. Trotzdem gelang es deiner Mutter, bei einer Bank nochmals mehrmals Geld zu beziehen! Ein Fehler der Bank? Als dein Vater deine Mutter fragte, für was sie das viele Geld brauche, antwortete sie ihrem Ehemann, dass dies ihn nichts angehe.

Im Weitern zeigte sich deine Mutter wenig bis überhaupt nicht kooperativ. So wurde ich die Ansprechperson für alle Belange während des Rehaklinik-Aufenthaltes deines Vaters. Dazu gehörte die

Anmeldung zur Einforderung der IV-Leistungen. Dein Vater und ich bekamen von der damaligen Sozialarbeiterin den Auftrag, das entsprechende Formular schnellstmöglich auszufüllen. Da wir einige Daten brauchten, die zu Hause im Büro lagen, verzögerte sich die Angelegenheit. Wir bekamen von der Sozialarbeiterin ein Ultimatum – dieses hieß: Heute noch!

Damit sich deine Mutter auf unseren Kurzbesuch vorbereiten konnte, informierten wir sie über unser Kommen und den Grund dafür. Als wir nach einer halben Stunde ankamen, waren du und deine Mutter schon nicht mehr zu Hause.

Eine Stimme wird leiser

Bei einem weiteren Besuch in der Rehaklinik nahm mich der Arzt zur Seite. Mit besorgter Stimme teilte er mir mit, dass man bei meinem Bruder einen Tumor auf der Stimmlippe entdeckt hatte – eine Folge seines langjährigen Rauchens. Seine Stimme hatte sich in Kürze verändert, wurde heiser und leiser. Es war klar: Der Tumor muss weg! Zwei Behandlungsmöglichkeiten boten sich an: Lasern oder eine Strahlentherapie. Schließlich entschloss man sich für die ambulante Laserbehandlung, um ihm den zusätzlichen Stress, eine über Wochen dauernde Bestrahlung, zu ersparen. Mit deiner Mutter wurde vereinbart, dass sie ihn nach dem operativen Eingriff im Spital abholen und wieder zurück in die Rehaklinik bringen würde. Nachdem sie – über drei Stunden nach dem Eingriff – immer noch nicht da war, um deinen Vater abzuholen, erbarmte sich die Krankenschwester und rief mich an, ob ich meinen Bruder holen könnte. In diesem Moment kamen schließlich deine Mutter und deine Großmutter Mimi. Der Grund für ihre Verspätung war ein Einkaufsbummel.

Zwei Jahre lang, alle drei Monate, musste dein Vater in die Nachkontrolle ins Spital. So oft es ging, begleitete ich ihn, oder wir nahmen den Rotkreuz-Fahrdienst in Anspruch. Zum Glück sind die

Nachkontrollen immer positiv ausgefallen. Die Stimme deines Vaters ist bis heute nicht mehr dieselbe – sie ist leiser geworden.

Ein „exotisches Wochenende"

Unterstützung brauchte dein Vater, um seine Finanzen in Ordnung zu halten. Peinlich genau hatte er in gesunden Tagen seine Buchhaltung geführt, die Daten in den PC eingegeben, dies mit einer Software, wie es größere Firmen handhaben. Dies konnte er nun nicht mehr und ich sollte ihn neu dabei unterstützen. Aber an diesem Punkt war nun auch ich überfordert. Er drängte mich, ihm wenigstes zuzusehen, ob er die Zahlen richtig eingab. So musste ich wohl oder übel öfters auch zu ihm nach Hause kommen. Damit aber war wiederum deine Mutter überfordert. Bis jetzt war nie eine Schwägerin im Haus und jetzt plötzlich doch.

Als ich wieder einmal mit deinem Vater nach Hause kam, war auch deine Mutter zu Hause – mit einem Gast. Dieser Gast war eine „exotische Afrikanerin". Exotisch, weil sie in voller afrikanischer Kleidung war. Sie trug ein langes Kleid in kräftigem Gelb mit großem Blumenmuster. Ihr hoher Turban war aus demselben Stoff. Ich überlegte kurz, aus welchem afrikanischen Land sie wohl käme. Aber für solche Überlegungen war keine Zeit. Plötzlich fing deine Mutter fürchterlich an zu schreien, wippte hin und her und beschimpfte mich von oben bis unter die Gürtellinie. Es kam mir vor, als befände ich mich in einem Rotlichtmilieu. Die Afrikanerin war sehr besorgt und faltete die Hände, wie zum Gebet. Diese schwenkte sie hin und her mit der Bitte, dem Unfrieden ein Ende zu setzen. Dein Vater stand stumm und überfordert daneben; so schnell konnte er nicht sprechen, geschweige denn die Wörter finden. Während ich mir Sorgen machte, ob du Samia, du warst bereits im Bett, von dem Geschrei nicht aufgeweckt würdest, ging deine Mutter in die Küche und wollte eine Pfanne nach mir werfen. Doch die Pfannenschublade klemmte – und daraus wurde nichts. „Gott ist auf meiner Seite", schoss es mir durch den Kopf. Doch nun fand ich es doch besser, mich zu verziehen. Ich verließ das Haus und ließ deine Mutter aber noch wissen, dass ich keine Angst vor ihr hätte.

Noch einmal wagte ich mich in die „Höhle des Löwen". Während dein Vater sich mit dem PC abmühte, lagen deine Mutter und ihr Gast im ehelichen Bett und schliefen. Sie erwachten durch meine Anwesenheit, schlecht gelaunt, aber diesmal ohne ohrenbetäubendes Geschrei. Später fragte ich deinen Vater, was wohl deine Mutter mit der Afrikanerin vorhatte. Stockend antwortete er: „Sie bügelt meine Hemden."

Trotzdem – für die Erledigung der Buchhaltung musste eine andere Lösung gefunden werden. Die Lösung fanden wir beim Fürsprecher und Notar Bühler. Allerdings musste dein Vater auf die Führung seiner Buchhaltung auf dem PC verzichten. Die Fremdbetreuung seiner Buchhaltung kostete ihn tausende von Franken.

Von Zuhause in die Tagesklinik

Der Gesundheitszustand deines Vaters hatte sich soweit stabilisiert, dass er die Rehaklinik verlassen konnte. Das war Mitte Februar. Doch um die größtmögliche Selbständigkeit wieder zu erlangen, und um die alltäglichen Herausforderungen meistern zu können, bedurfte es weiterer Therapien. Diese Chance bot sich ihm in einer Tagesklinik an. Das heißt, er verbrachte den ganzen Tag in der Tagesklinik, konnte aber jeden Abend wieder nach Hause. Der Tagesablauf war gefüllt mit Therapien. Dein Vater musste das Einkaufen wieder erlernen und mit dem Bargeld umzugehen. Im Weiteren musste er Kaffee machen, kochen, Kuchen, Wähen und Brot backen. Auch die Selbständigkeit beim Busfahren wurde eingeübt. Schritt für Schritt wurde in der Logopädie seine Sprachfähigkeit verbessert. Eine große Herausforderung war, dass er sich wieder alleine das Insulin spritzen konnte. Denn davon hing seine Unabhängigkeit ab – und eine mögliche Wiedereingliederung in die Arbeitswelt.

Liebe Samia, ich bewundere deinen Papi, wie er gekämpft hat, um seine Selbständigkeit wieder zu erlangen. Dafür erhielt er auch Komplimente von seinen Therapeutinnen und Therapeuten. Trotzdem war es wirklich nicht immer leicht. Eine Krise hatte er, als er für ein internes Fest in der Tagesklinik Papierstreifen zuschneiden musste – er als Bankangestellter und Vorgesetzter mehrerer Mitarbeiter. Diese Aufgabe empfand er doch als eine Zumutung. Übers Wochenende bekam er jeweils Hausaufgaben. Hie und da durfte ich ihm dabei helfen. Ehrlich gesagt, manchmal musste auch ich studieren, wie die Aufgabenstellung zu verstehen und zu lösen war. Für deinen Vater aber kam der Punkt, wo es, trotz allen Bemühungen, nicht mehr weiterging. Die Folgeschäden seiner Hirnverletzung schränkten den Lernprozess ein.

Wehgeschrei in der Tagesklinik

Wie im Spital und in der Rehaklinik war es auch für die Tagesklinik eine Selbstverständlichkeit, die Familie in die Zusammenarbeit einzubinden. An erster Stelle stand die Ehefrau – und diese hätte als Bezugsperson auch völlig genügt. Aber einmal mehr kooperierte deine Mutter nicht wie erwünscht, sodass ich wieder für sie einspringen musste. So ergab es sich, dass wir einmal beide zu einer Besprechung bestellt wurden. Das gefiel deiner Mutter nicht. So lief sie im Sitzungszimmer umher und drohte mit der Scheidung. Das war natürlich nicht das, was die Therapeuten hören wollten. Aber unsere Familie hatte sich das gemerkt – und wir drängten deinen Vater, endlich die Scheidung einzureichen.

Bei einer weiteren Sitzung wurde ich nicht eingeladen. Die Mitarbeiterinnen und Mitarbeiter der Tagesklinik erhofften sich dadurch ein konstruktives Gespräch mit der Ehefrau. Aber es kam anders. Irgendetwas während des Gespräches veranlasste deine Mutter, sich auf den Boden zu werfen, sich hin und her zu wälzen, mit lautem Geschrei. Sorgfältig hoben daraufhin die Therapeutinnen deine Mutter hoch auf eine Liege, gaben ihr Wasser zu trinken und beruhigten sie. Es sei ihre Art, sich zu wehren, meinte nachträglich eine der Sozialarbeiterinnen, als sie mir Einblick in das Geschehen gab. Erst viel später habe ich erfahren, dass ein solches Verhalten, insbesondere bei Problemen, in gewissen Ländern üblich ist.

Berufsberatung – Back to work

Ein brennendes Thema war: Wie geht es mit der Arbeitsstelle weiter? Kann dein Vater die Arbeit wie gewohnt wieder aufnehmen? Wiederum musste dein Vater etliche Tests und Abklärungen über sich ergehen lassen. Diesmal bei der IV-Berufsberatungsstelle. Schließlich wurde klar, dass er seine gewohnte Arbeit bei der Bank nicht mehr aufnehmen konnte. Nur der Arbeitsweg blieb noch derselbe. Das war ein harter Schlag für deinen Vater. Er, der im Kader war, eine Sekretärin und mehrere Mitarbeiter unter sich hatte. Die einzige berufliche Eingliederungsmöglichkeit, die für ihn zumutbar war, bot sich in der Post-Abteilung der Bank, halbtags und vier Tage in der Woche. Ein Wochentag war reserviert für Arztbesuche und um andere persönliche Sachen zu erledigen. Elf Monate nach dem ersten Schlaganfall konnte er die neue Arbeit aufnehmen. Wie gewohnt konnte er in der Kantine der Bank das Mittagessen einnehmen und sich in Ruhe das Insulin spritzen. Am Morgen und am Abend unterstützte ihn die spitalexterne Pflege „Spitex" beim Insulinspritzen und beim Richten der Medikamente. Das war nun bis auf weiteres seine Tagesstruktur. Dein Vater hat lange mit der neuen Situation gehadert. „Gott hat mich verlassen", sagte er wiederholt.

Unterzuckerung

An einem Morgen erreichte mich ein Telefonanruf. Es war der Chef deines Vaters. „Ihrem Bruder geht es nicht gut", sagte er mit besorgter Stimme. Er sei blass, schweißgebadet, laufe umher und rufe laut wirres Zeug. Er hielt den Hörer Richtung Manuel – und ich konnte die Rufe meines Bruders hören. „Ich komme ihn holen", sagte ich kurz entschlossen und ebenso besorgt.

Nach einer halben Stunde war ich vor Ort. Inzwischen hatte sich die Lage beruhigt. Man hatte deinen Vater mit Kaffee und einem Gipfeli versorgt. Dankbar für mein Kommen, erschöpft, verlegen und mit traurigen Augen schaute mich dein Vater an. „Miss deine Werte – dann gehen wir nach Hause", sagte ich ihm, so normal wie möglich. Seine Werte erlaubten es, uns auf den Weg nach Hause zu machen. Unterwegs aßen wir noch zu Mittag – als wäre nichts geschehen.

Nach dem Essen legte sich dein Vater schlafen. Er ließ die Haustür offen, sodass ich später ungehindert nochmals nach ihm sehen konnte. Der „Spuk" war vorbei. Aber es sollte nicht bei der einen Unterzuckerung bei der Arbeit bleiben. Inzwischen aber wussten die Mitarbeiter deines Vaters damit umzugehen – doch immer auch begleitet von der Angst, vielleicht doch etwas falsch zu machen.

Ein weiterer Telefonanruf vom Chef deines Vaters schreckte uns alle auf, als dein Vater einmal nicht zur Arbeit erschien. Viele beängstigende Fragen schossen durch unsere Köpfe: Hat er den falschen Zug erwischt? Irrt er irgendwo umher? Liegt er mit einer Unterzuckerung im Bett? Aufregung pur!

Schließlich fanden wir ihn – auf der Notfallstation. Dein Vater erinnerte sich, dass ihn auf dem Bahnsteig eine Frau angesprochen hatte mit den Worten: „Ihnen geht es nicht gut." Diese Frau rief den Notfalldienst an und rettete ihm damit das Leben. Wer diese Frau war, weiß bis heute niemand. Vielleicht war es ein Engel – in Menschengestalt.

Das Ringen um den Führerschein

Den Führerschein hatte dein Vater noch. Aber natürlich war das Autofahren nach einem Schlaganfall vorerst kein Thema. Nachdem sich dein Vater aber etwas erholt hatte, wollt er wissen, ob er wieder Autofahren darf. Zweimal versuchte er den entsprechenden Test zu bestehen. Jedoch die Folgeschäden seiner Hirnverletzung erlaubten es nicht mehr – die Tests fielen negativ aus. Das war ein weiterer harter Schlag für deinen Vater. Noch heute spricht er immer wieder von diesem Schicksalsschlag, nie mehr ein Auto fahren zu können.

Meinen Augen traute ich nicht, als ich dich und deinen Vater aber einmal auf dem Velo sah, er vorne, du auf dem Rücksitz! Das war an einem Samstag und in der Zeit, als dein Vater von zu Hause aus noch die Tagesklinik besuchte. Schwankend und mit Tempo seid ihr die Straße hinunter gefahren. Ich war zufällig in der Gegend mit dem Auto unterwegs und musste euch den Vortritt gewähren.

Da stellte sich die Frage: Wenn man nach einer Hirnverletzung kein Auto fahren darf, ist dann das Velofahren erlaubt? Ich fragte dies eine der damaligen Therapeutinnen. Aus ihren Augen war Verwunderung und gleichzeitig Erschrockenheit zu lesen. Aber sie hatte auf die Frage keine Antwort. Schließlich verbot ich deinem Vater, mit dir auf das Velo zu steigen. Er hat es trotzdem wieder getan. War es Uneinsichtigkeit, Vergesslichkeit – oder hat er einfach dir nachgegeben, weil du, wie viele Kinder, nicht gerne zu Fuß unterwegs bist? Auf jeden Fall hattet ihr einen Schutzengel – oder vielmehr zwei!

Vom zweiten Schlaganfall

Liebe Samia, fünf Jahre nach der ersten Hirnblutung erfolgte der zweite Schlaganfall. Was dein Vater sich mit großem Aufwand, mit viel Disziplin und vielen Entbehrungen wieder erarbeitet hatte – das alles wurde wortwörtlich mit einem Schlag wieder zunichte gemacht! Wie es nach dem zweiten Schlaganfall weiterging, davon berichte ich dir später. Denn vor und zwischen den beiden Schlaganfällen wurde dein Vater noch mit anderen Geschichten konfrontiert – mit sogenannten „Rumpelstilzchen-Geschichten".

„Rumpelstilzchen-Geschichten"

„Ach, wie gut, dass niemand weiß, dass ich Rumpelstilzchen heiß". Liebe Samia, bestimmt kennst du das Märchen vom Rumpelstilzchen der Gebrüder Grimm. Um etwas andere Rumpelstilzchen-Geschichten geht es jetzt, die sich teils vor, die meisten jedoch nach der Zeit des ersten Schlaganfalls deines Vaters ereignet haben. Je undurchsichtiger Geschichten sind, umso mehr wecken sie die Neugier und den Wunsch, hinter das Geheimnisvolle zu kommen.

Wie schon erwähnt, ist durch die Krankheit deines Vaters unsere Familie ihm wieder ein Stück weit näher gekommen. Das undurchsichtige Verhalten deiner Mutter zog unsere vermehrte Aufmerksamkeit auf sich. Aber noch war der Einfluss deiner Mutter auf deinen Vater groß, sodass er, trotz Schlaganfall, „keine Probleme" kannte. In einem Sprichwort aber heißt es: „Wovon das Herz überquillt, davon spricht der Mund". So schüttete er jeweils seinen Eltern das Herz aus, die nur wenige Gehminuten von seinem Wohnort entfernt zu Hause waren. Und wir erfuhren Stück um Stück, was da los – oder eben nicht los war. Und diese Geschichten weckten zusätzlich unseren Detektiv-Instinkt.

Ab in die Ferien

Kaum wurde dein Vater aus der Rehaklinik entlassen, teilte ihm deine Mutter mit, dass sie mit dir in die Ferien fahre. Eine Fürsorgepflicht, gemäß Eherecht, kannte sie offenbar nicht. Dein Vater aber durfte die Feriendestination nicht wissen. Er wusste auch nicht, ob ihr mit dem Auto, der Bahn oder auf dem Luftweg verreisen würdet. Das Einzige, was dein Vater wusste, war, dass ihr am Samstag von jemandem abgeholt werdet. Dass ihr alleine verreisen würdet, war von vornherein unvorstellbar. Das rief nun unsere Familie zum aktiven Handeln auf. Wir stellten für Samstag einen Privatdetektiv an, der herausfinden sollte, wer die Person war, die dich und deine Mama abholen sollte. Da deine Mutter jedoch bereits am

Freitagabend abgeholt wurde, konnte unser Detektiv den „Fall" vorerst nicht lösen. Erst später hatten wir den Namen sowie den Beruf eures Reisebegleiters erfahren. Sein Name war – Jan Hotz – ein Polizist aus dem Kanton Zürich. Unser Detektiv fand heraus, dass er zur selben Zeit Ferien gebucht hatte. Vom Freund deiner Mutter wirst du später noch lesen.

Nach euren Ferien in Irgendwo und als dein Vater einmal mehr meine Unterstützung brauchte, lag die Handtasche deiner Mutter auf dem Fußboden in der Stube. Im oberen Stockwerk war sie gerade mit dir beschäftigt. Da sagte ich zu deinem Vater: „Da ist ihre Handtasche, schau doch jetzt schnell im Pass nach, wo deine Ehefrau in den Ferien war." Pause. „Du bist der Ehemann, du darfst es wissen", insistierte ich weiter. Er aber rührte sich nicht.

Rumpelstilzchen-Ferien

„Ich kann nicht ohne meine Schwestern leben", sagte einst deine Mutter. Und einst, in den ersten Ehejahren, planten deine Eltern mit dir gemeinsame Ferien auf Mallorca. Was dein Vater aber nicht wusste, sah er dann am Flughafen. Da stand deine Tante Faria – auch sie wollte nach Mallorca. So verbrachtet ihr zu viert die Ferien. Am Tag wurde geschlafen. Und in der Nacht gingen deine Mutter und deine Tante in den „Ausgang" – bis in die frühen Morgenstunden. Dein Vater blieb im Hotel bei dir und hütete dich.

Die letzten Ferien in Tunesien verbrachte dein Vater mit dir bei deinen Großeltern Mimi und Opi. Deine Mutter hatte euch nach Tunesien vorgeschickt, um später nachzukommen. Aber deine Mutter kam nicht nach, sondern verbrachte ihre Ferien mit jemandem in Spanien! Das fanden dann selbst deine tunesischen Tanten nicht so schön…

Der Liebhaber

Neugierig wurden die Nachbarn, als sie beobachteten, dass immer wieder ein Mann deine Mutter besuchte, während dein Vater in der Tagesklinik war. „Frau Müller hat einen Liebhaber", stellten sie fest. Sie notierten die Autonummer und fanden heraus, dass das Auto als gestohlen gemeldet war. Da die Nachbarn nichts damit zu tun haben wollten, gaben sie mir die Autonummer nicht. Sie hätten sie bereits weggeworfen, sagten sie.

Der Coiffeur

Einmal erschien dein Vater mit einem fürchterlichen Haarschnitt. Selbst deiner Großmutter fiel es auf – trotz ihrem trüben Augenlicht. Schließlich fragten wir deinen Vater, bei welchem Coiffeur er gewesen sei. Er erzählte, als er nach der Tagesklinik nach Hause kam, war mit deiner Mutter ein Mann in der Wohnung. Sie stellte ihm diesen als Coiffeur vor. So ließ sich dein Vater auf den „Gratis-Haarschnitt" ein – der eben kein Haarschnitt war. „Sklaverei" kam mir wütend in den Sinn – und auch deine Großmutter entsetzte sich.

Ein Extra-Flugticket

Es war an einem Abend. Ziemlich aufgeregt kam dein Vater zu deinen Großeltern. Er brauche unbedingt siebenhundert Franken für ein Rückreise-Flugticket nach Tunesien für seine Schwiegermutter. Zu der Zeit hatte er noch nicht wieder gelernt, seine Bankomatkarte zu gebrauchen. Deine Großeltern liehen ihm das Geld. Erst später haben sie erfahren, dass, wer ein Visum für einen Aufenthalt in der Schweiz besitzt, bereits über ein Rückflugticket verfügt!

Der Besucher

Als dein Vater sich eines Morgens auf den Weg in die Tagesklinik machte, stellte er fest, dass er seine Medikamente zu Hause vergessen hatte. So kehrte er innert wenigen Minuten zurück, um diese zu holen. Als er an seiner Haustür klingelte, öffnete ihm ein Mann. So die Erzählung deines Vaters. Wer war dieser Besucher? Wir wissen es nicht – und auch nicht, ob dein Vater ihn kannte.

Der Anrufer

Er wollte seinen Namen nicht sagen – der „Anrufer". Auch die Beweggründe seines Anrufes blieben im Dunkeln. Wir vermuteten, dass es aber doch jemand gewesen sein muss, der deinen Vater kannte und mehr Sympathien für ihn hatte – und weniger für deine Mutter. Er informierte deinen Vater, dass seine Ehefrau fremd gehe.

Die Lücke im Bücherregal

Eines Tages nahm mich dein Vater mit in den Keller. Dort stand die alte Bücherwand aus der früheren Wohnung, als er noch ledig war. Er zeigte auf die „Lücke" im Bücherregal. Es war die dreibändige Bibel, die fehlte. Wer hat sich wohl an der „Heiligen Schrift" vergriffen? Dein Vater wusste es nicht, aber sicher war: Es war jemand aus der muslimischen Verwandtschaft.

Auto weg

Die folgende Begebenheit passierte noch vor dem ersten Schlaganfall. Wie gewohnt ging dein Vater nach der Arbeit in die Tiefgarage der Bank, um mit seinem Auto nach Hause zu fahren. Ungewohnt aber war: Er konnte sein Auto nicht finden. Schließlich stellte sich heraus, dass deine Mutter und deine Tante Faria mit dem Zweitschlüssel das Auto „ausgefahren" hatten.

Kühlschrank leer

Am Telefon hatte deine Mutter deinem Vater den Einkaufszettel durchgegeben. Als hilfsbereiter Ehemann hatte dein Papi alles eingekauft, sich auf das Nachtessen gefreut – und die Ware erstmals im Kühlschrank versorgt. Dies war aber nur die „Zwischenlagerung", denn als deine Mutter nach Hause kam, packe sie alles wieder ein – und zog von dannen.

Die Dienstwaffe

Was deine Mutter dazu bewog, die Dienstwaffe deines Vaters auf den Polizeiposten zu bringen, wissen wir nicht. Dein Vater wurde auf jeden Fall nicht gefragt. Bei der Pistole handelte es sich um eine A 75, Kaliber 9mm. Munition war keine dabei. Was denken wohl Polizisten, wenn eine Tunesierin die Dienstwaffe ihres Ehemannes auf den Polizeiposten bringt? Sie sei von der Polizei ausgelacht worden, beklagte sie sich später bei ihrem Freund, dem Polizisten, der den Fall in einem Brief an die Scheidungsanwältin deiner Mutter erwähnte. Zu meiner großen Verwunderung bestellte mich die Polizei auf den Posten und übertrug mir die Pistole zu meinen Akten. Dabei wurde nicht gelacht. Über Monate versteckte ich das Geschütz in meinem Wäschekorb, dann auf dem Dachboden und wieder zurück in den Wäschekorb. Jahre später kam ein Handwerker ins Haus. Ein Waffennarr. Es sei bei ihm eingebrochen worden und man hätte ihm die meisten Waffen gestohlen, erzählte er. Daraufhin schenkte ich ihm kurzerhand die Dienstwaffe deines Vaters.

Polizei gegen Polizei

Es war kein Zweifel mehr: Deine Mutter hatte einen Polizisten als Liebhaber. „Der Polizist – dein Freund und Helfer", wie es im Volksmund heißt. Aber auch wir kannten im Freundeskreis Polizisten. So versuchten wir durch unsere Beziehungen mehr über ihn als nur seinen Beruf und Namen zu erfahren. Wie das ging? An dieser Stelle spielen wir auch einmal das Rumpelstilzchen: *„Ach, wie gut, dass niemand weiß, dass ich Rumpelstilzchen heiß!"*

Ein Auto Typ BMW 116

Zwei BMWs waren bereits im Besitz deiner Eltern. Aber da war noch einer, von dem dein Vater nichts wusste – bis er auf entsprechende Einzahlungsquittungen der Leasingraten stieß. Das war bereits während des Scheidungsverfahrens. Die Nachforschungen haben ergeben, dass deine Mutter dieses Fahrzeug geleast und vor zwei Jahren ausgelöst hatte. Dass sie die Leasingraten weiterhin bezahlte, lässt vermuten, dass sie den BMW 116 verkauft hatte, so die Privatermittler. An wen und wohin war nicht mehr feststellbar. Auf jeden Fall war das Fahrzeug nicht mehr in der Schweiz registriert.

Liebe Samia. Noch bleiben etliche Geschichten und Geheimnisse beim Rumpelstilzchen. Vielleicht aber wirst du einige davon noch von deiner Verwandtschaft erzählt bekommen.

Der Fall: Schwiegereltern und ein BMW

Im Wonnemonat Mai kamen unerwartet deine Großeltern aus Tunesien – und quartierten sich wie gewohnt bei euch zu Hause ein. In dieser Zeit war dein Vater noch mitten in all den Therapien, im Lernprozess und gesundheitlich angeschlagen. Das Kommen deiner Großeltern bedeutete wieder mehr Unruhe und Verzicht auf Privatsphäre. Dazu kamen immer wieder Besuche deiner Verwandtschaft – oftmals bis spät in die Nacht. Ein und aus im Hause deiner Eltern ging wochenlang dein Onkel Achmed – ohne die Erlaubnis deines Vaters eingeholt zu haben. Stets wurde Arabisch gesprochen. Für deinen hirngeschädigten Vater bedeutete die ganze Situation zusätzlichen Stress, welcher sich destruktiv auf die Therapien und nicht zuletzt auf den Diabetes auswirkte.

Unsere Familie beschäftigte die Frage: Wie kommt es, dass die Schwiegereltern plötzlich und überraschend wieder da waren? Unsere Familie machte sich Sorgen, ob dein Vater wohl zum Visumsantrag für die Schwiegereltern überredet wurde. „Warum hast du ihnen das Besuchervisum erlaubt, jetzt, wo du doch krank bist und Ruhe brauchst", fragte ich deinen Vater vorwurfsvoll. Seine Antwort: „Ich habe nichts getan." Er hatte also nichts unterschrieben. Jetzt tauchte automatisch die Frage auf, wie denn deine Großeltern Mimi und Opi zu ihren Besuchervisa gekommen sind? Das Wort „Unterschriftenfälschung" stand nun im Raum. Ich ließ mir kurzerhand von deinem Vater die Vollmacht geben und begab mich aufs Migrationsamt.

Auf dem Migrationsamt

Ein Beamter und eine Beamtin erwarteten mich auf dem Migrationsamt. Auf dem Tisch lag eine dicke Aktenmappe. Die junge Beamtin schaute mich unentwegt an, als wolle sie versuchen, meine Gedanken zu lesen. Bevor ich etwas fragen konnte, kam mir der Beamte zuvor. Er bestätigte den Verdacht der Unterschriftenfälschung. Stille. Dann entschuldigte er sich bei deinem Vater in dessen Abwesenheit für die nicht bemerkte Fälschung seiner Unterschrift. Verschiedene Briefe wurden mir zur Einsicht vorgelegt. Es stellte sich heraus, dass deine Mutter in der Zeit, als dein Vater in der Rehaklinik war, mehrere Briefe an das Migrationsamt gesandt hatte. Ein anderer Brief stammte vom Polizisten Jan Hotz, dem Freund deiner Mutter. In einer geschwollenen Amtssprache (es war selbst dem Beamten zu viel) trug er die Anliegen deiner Familie mit viel Lob vor. Zweck: Eine Aufenthaltsbewilligung im Sinne eines Familiennachzugs für seine Nicht-Schwiegereltern! Dein Vater wurde nicht gefragt. In wenigen Worten fasste der Beamte das zusammen, was auch ich dachte: „Dass ein Polizist so etwas tut." Ohne es auszusprechen wussten wir, was wir dachten...

Von den mir vorgelegten Briefen erinnere ich mich noch an einen, in dem deine Mutter nach einem Delikt schrieb, dass sie in schlechte Gesellschaft geraten sei und sich nun wieder ganz ihrer Familie widmen wolle. Kopien der entsprechenden Briefe zu erhalten, wurde mir nicht erlaubt.

Sachverhalt: Unterschriftenfälschung

Liebe Samia, die Regeln und Folgen einer Unterschriftenfälschung sind fest im Gesetz verankert. Hier der entsprechende Text aus dem Schweizerischen Strafgesetzbuch Art. 2511:

1. Wer in der Absicht, jemanden am Vermögen oder an andern Rechten zu schädigen oder sich oder einem anderen einen unrechtmäßigen Vorteil zu verschaffen, eine Urkunde fälscht oder verfälscht, die echte Unterschrift oder das echte Handzeichen eines andern zur Herstellung einer unechten Urkunde benützt oder eine rechtliche erhebliche Tatsache unrichtig beurkundet oder bekunden lässt, eine Urkunde dieser Art

zur Täuschung gebraucht, wird mit Freiheitsstrafe bis zu fünf Jahren oder Geldstrafe bestraft.
2. In besonders leichten Fällen kann auf Freiheitsstrafe bis zu drei Jahren oder Geldstrafe erkannt werden.

Zwar musste deine Mutter nicht ins Gefängnis. Aber der Sachverhalt war klar und wurde im Strafbefehl festgehalten.

Es war eine Widerhandlung gegen das Bundesgesetz über Aufenthalt und Niederlassung der Ausländer. Die weiteren Folgen des Sachverhaltes waren: 1. Dass die Einreise deiner tunesischen Großeltern in die Schweiz illegal war. 2. Folglich war auch der Aufenthalt deiner Großeltern in der Schweiz illegal. Das löste einen Schneeballeffekt aus mit äußerst unangenehmen Folgen für alle Beteiligten, wie du weiter erfahren wirst.

Es war nicht das erste Mal, dass die Unterschrift deines Vaters durch deine Mutter gefälscht wurde. So schrieb das Migrationsamt bereits ein Jahr zuvor an deinen Vater: Sollte er für das nächste Jahr wieder Dauervisa für die Schwiegereltern benötigen, müsste er vorher mit dem Migrationsamt Kontakt aufnehmen. Damals wurden dieselben Dauervisa für deine Großeltern einmal in Tunesien und einmal in der Schweiz beantragt. Dieser Brief hat deinen Vater erst Jahre später erreicht, denn deine Mutter hatte ihn in der Wohnung „versteckt". Dein Vater fand ihn eines Tages im Keller, beim Aufräumen – in der Trennungsphase deiner Eltern.

Annullation der Visa

Als dein Vater von der Urkundefälschung erfuhr, sagte er: „Die denken, ich sei blöd" und meinte damit seine tunesische Familie. „Sie müssen die Verantwortung selber tragen", und ergänzte weiter: „Wie kann Fadira so etwas ihren Eltern antun?"

So kam es, dass eines Morgens die Fremdenpolizei vor der Tür stand. Dein Vater war bereits auf dem Weg in die Tagesklinik. Deiner Mutter, deinen Großeltern Mimi und Opi und deinem Onkel Achmed wurde die Situation erklärt. Deine Großeltern wurden daraufhin aufgefordert, die Schweiz zu verlassen, das heißt die Rückreise nach Tunesien anzutreten, denn die Visa waren ungültig. Deine Großeltern gaben ihr Einverständnis – aber gehorchten der Polizei schließlich doch nicht. Sie ließen drei vollgepackte Koffer in der Wohnung zurück und reisten nach Deutschland, vermutlich zu ihrem Sohn, der eine Deutsche geheiratet hatte. Ob sie für Deutschland gültige Visa hatten, ist nicht bekannt. In der Zwischenzeit versuchte deine Mutter in Eile, gültige Visa für die Schweiz durch deine Tante Lea, die Ehefrau Achmeds, zu erhalten. Das klappte aber nicht. Als deine Großeltern nach drei Wochen wieder in die Schweiz einreisen wollten, wurde ihnen die Einreise verwehrt. Die Visa waren ja annulliert worden. Nun saßen sie in Deutschland, an der Schweizergrenze, fest. Die Flugtickets für den Rückflug waren ab Zürich-Kloten ausgestellt. Aber da waren ja noch die drei Koffer. Auch diese mussten nach Tunesien zurück. Die Familie entschloss sich, auf dem Landweg zurück zu reisen – mit dem geleasten BMW X5 von deinem Vater. Dafür aber brauchten sie eine Vollmacht von deinem Vater, ansonsten ihnen an der Grenze möglicherweise Schwierigkeiten drohten.

Die Last mit dem Lastwagen

Deinem kranken Vater wurde kurzerhand von deiner tunesischen Familie eine Generalvollmacht vorgelegt, die er nun unterschreiben sollte. Die Generalvollmacht war auf den Namen deines Onkels Achmed ausgestellt. Dein Vater aber war unsicher und ließ sich von seinem Notar Bühler beraten, der sich, seit dem Schlaganfall, um die Finanzen deines Vaters kümmerte. Eine Stunde lang hatte dieser versucht, deinen Vater davon abzuhalten, seine Unterschrift für die Generalvollmacht zu geben. (Am Ende des Gespräches nahm Notar Bühler deinem Vater die Generalvollmacht ab – zerriss sie vor seinen Augen.) Schließlich aber half alles nichts. Zu Hause erwartete ihn nämlich deine tunesische Verwandtschaft. Sie brachten deinen Vater nach Zürich, angeblich zu einem Notar. Aber da war kein Notar. Dafür eine neue Generalvollmacht. Dein Vater konnte dem Druck nicht mehr widerstehen und setzte seine Unterschrift auf das Dokument, das auf Französisch "Procuration Générale" heißt. Man hatte ihm versprochen, den BMW X5 so schnell wie möglich wieder zurückzubringen. Aber es kam anders. Wochen und Monate verstrichen – der Wagen kam nicht zurück.

Erst als Notar Bühler einen „Widerruf der Generalvollmacht" in die Wege leitete, kam Bewegung in die Sache. Der Notar bestimmte darin einen Stichtag. Da das Schreiben an die Adresse in der Schweiz gerichtet war, fiel es in die Hände deiner Tante Lea, der Ehefrau Achmeds. Während Tante Lea auf deinen Onkel Achmed Druck ausübte, bereitete sich unsere Familie auf den „Stichtag" vor. Deine Tanten Petra und Alina wurden gezwungenermaßen zu „Detektiven" und observierten den Parkplatz, auf dem der Wagen zu stehen kommen sollte. Dein Vater wusste nichts von unserem Vorhaben. Es hätte ihn nur belastet und wir waren sicher, dass man aus ihm nicht irgendwelche Informationen herausholen konnte. An einem Dienstag war es so weit. Der Geländewagen stand auf dem Parkplatz vor dem Haus – stark beschädigt und verschmutzt, ohne Nummernschilder – und wie sich später auch herausstellte – ohne Autoschlüssel. Mit amtlicher Hilfe und unter Polizeischutz wurde der verkratzte, verbeulte und verdreckte BMW X5 fotografiert, von einer Transportfirma aufgeladen und an einen sicheren Ort gebracht. Das geschah zur selben Zeit, als deine Mutter, aus uns nicht bekannten Gründen, die Nummernschilder auf das Straßenverkehrsamt brachte. Diese wurden dort sofort beschlagnahmt und ein möglicher „Dreh" deiner Mutter wurde verunmöglicht. Dafür hatte der Notar vorgesorgt. Als deine Mutter zurückkam, war der Wagen bereits weg. Daraufhin beschimpfte deine Mutter deinen Papi tagelang aufs heftigste. Ohne Grund, schließlich lautete der Leasingvertrag auf den Namen ihres Ehemannes.

Der Hickhack um den BMW X5

Die Risiken und Folgen als Strohmann kamen nun mit geballter Kraft auf deinen Vater zu. Da deine Tante Faria die Leasingraten seit Monaten eingestellt hatte, folgten nun Mahnungen seitens der Leasingfirma an die Adresse deines Vaters. Eine Betreibung durch eine andere Firma konnte gerade noch rechtzeitig abgewendet werden. Dutzende von Briefen, E-Mails, Telefonate, Erklärungen, Abklärungen, Entschuldigungen mussten geschrieben werden. Sehr zeitaufwendig, nervig und kostspielig war die frühzeitige Auflösung des Leasingvertrages – mit der Rückgabe eines total havarierten BMW X5. Aber bis es so weit war, gab es noch ein Tauziehen zwischen deiner tunesischen Familie, deinem Vater und der Leasingfirma. Irgendetwas war am Laufen mit dem BMW X5. Die Autoschlüssel befanden sich bereits bei der Leasingfirma. Als ich einmal mehr den nicht sehr kooperativen Mitarbeiter der Leasingabteilung am Telefon hatte, fragte ich diesen, auf welcher Seite er eigentlich stünde. Daraufhin unterbrach er abrupt das Gespräch. Später, als wir Forderungen an deinen Onkel Achmed stellten, bestätigte seine Ehefrau Lea, dass er den BMW X5 (doch) nicht kaufen wolle. Aber da war noch etwas, was dein Vater jedoch erst später entdeckte: Ein Jahr später nämlich fand er im Keller eine Vertragsverlängerung für den geleasten BMW X5. Das Datum fiel gerade in die Zeit der ungültigen Visa deiner Großeltern Mimi und Opi. Eine Verlängerung des Leasingvertrages war gar nicht nötig, denn der laufende hatte noch zwei Jahre seine Gültigkeit. Aber da sich deine Mutter immer wieder als „Rumpelstilzchen" betätigte, die Post deines Vaters „abfing", bleibt auch diese Angelegenheit im Unklaren.

Nachdem dein Vater bereits mehrere tausend Franken für ausstehende Leasingraten nachbezahlt hatte, kam nun die Schlussabrechnung der Leasingfirma: Saldo und Instandstellungskosten plus Fahrzeugüberführungskosten – über vierzigtausend Franken; Berechnung der Mehrkilometer: vierzehntausend Franken. Jedes kleinste Detail wurde bei der mehrseitigen Rechnung aufgeführt.

Zur Unterstützung für den „Zustandsbericht für Carauktion" wurde extra eine Firma hinzugezogen, die sich auf solche Fälle spezialisierte. Diese dokumentierte auf sechs Seiten die Mängel des havarierten BMW X5. Fragezeichen gab es, wieso man vier „Scheibenräder Alu" ersetzen musste. Diese allein kosteten mehrere tausend Franken. Möglicherweise hatte dein Onkel diese in Tunesien verkauft. Zutrauen könnte man es ihm. Denn er wurde wegen kriminellen Geschäften schon einmal verurteilt und für zwei Jahre nach Hause – nach Tunesien – geschickt. Übrigens habe ich deinen Onkel Achmed und seine Ehefrau Lea nie zu Gesicht bekommen.

Nun ging es darum, wer bezahlt was und wie viel. Der Streitpunkt konzentrierte sich hauptsächlich auf die vertraglich überschrittenen Mehrkilometer von 17'300. Die Ehefrau Achmeds nahm die Angelegenheit für ihren Mann in die Hand und zeigte Bereitschaft, die Sache so schnell wie möglich zum Abschluss zu bringen. Auf der Suche nach weiteren Schuldigen kostete sie der Fall etliche Rechenstunden – ein richtiges Wurzelziehen. Onkel Achmed beschuldigte seine Schwester Faria, die Mehrkilometer gefahren zu haben. Denn er überließ ihr offenbar den Geländewagen in Tunesien. Wie auch immer: Die Generalvollmacht lautete auf seinen Namen und es war kein monatelanges „Autölifahren" in Tunesien abgemacht. Die Abmachung und das Versprechen lauteten: Den BMW X5 umgehend deinem Vater zurückzubringen.

Nebst einem Notar, Anwalt, dem Rechtsschutz brauchte es auch noch einen Friedensrichter, bis man sich auf einen entsprechenden Geldbetrag einigen konnte. Mit Hilfe des Friedensrichters zeigte sich die Gegenseite bereit, einen Teil der Kosten für die Mehrkilometer zu übernehmen.

Der Preis, den dein Vater als Strohmann zahlen musste, für ein Auto, das er nie gefahren hatte, war hoch. Damit hätte er sich einen neuen BMW X5 kaufen können. Zudem: Der Nervenkrieg zog sich über zwei Jahre hin. Das Einfachste und Günstigste im ganzen

Hickhack war die Rechnung des Straßenverkehrsamtes vom Kanton Aargau: Löschung Code 187 – zwanzig Franken und fünfzig Rappen!

Eine Beistandschaft wird notwendig

Da auch Notar Bühler sich wegen der Geschichte mit dem BMW einige unschöne Telefonate seitens deiner tunesischen Familie gefallen lassen musste, riet er uns, eine Beistandschaft für deinen Vater zu beantragen. Schließlich ist ein Notar ein Notar und nicht ein Blitzableiter für eine schwerfällige BMW-Geschichte.

Die Beistandschaft wurde in die Wege geleitet und dein Vater bekam die nötige Unterstützung vom Sozialamt. Anfangs hat dein Vater sich damit schwergetan, dann aber hat er einen guten Draht zu den verschiedenen Sozialarbeiterinnen gefunden.

Was deinem Vater sehr am Herzen lag, war, dass er mit der Beistandschaft seine Finanzen so regeln konnte, dass er stets die Kontrolle hatte, welche Zahlungen getätigt werden mussten. Die Beistandschaft war auch notwendig, damit seine persönlichen und finanziellen Interessen nicht gefährdet wurden.

Der andere BMW

Noch einmal holte deinen Vater – und deine tunesische Familie – eine BMW Geschichte ein. Nachdem der BMW X5 deines Vaters aus dem Verkehr gezogen worden war, organisierte sich deine Tante Faria, immer noch Sozialhilfeempfängerin, einen anderen BMW – mit einem neuen Strohmann. Dieser andere BMW sorgte damals für große Schlagzeilen, löste eine Welle der Entrüstung aus, wurde zum Politikum, Köpfe rollten. Bis heute regt dieser andere BMW, es war ein BMW 320, stets wieder zu intensiven Diskussionen an, wenn es um Sozialhilfe und Sozialgelder geht. Was wir von diesem anderen BMW wissen, haben wir hauptsächlich durch die Medien erfahren. Folgendes ist mit dem „Luxusflitzer" – so die Presse – passiert:

1. Mai Chaoten

Bevor ich die Ereignisse aus der „Weltwoche" (Ausgabe 21/2007, Text: Alex Baur) zitiere, hier noch einige kurze Informationen zum 1. Mai. Der 1. Mai ist in der Schweiz, und in einigen anderen Ländern, ein gesetzlicher Feiertag, bekannt unter dem Namen „Tag der Arbeit". Ins Leben gerufen wurde er in Amerika, Ende des 19. Jahrhunderts. Die damalige Gewerkschafts- und Arbeiterbewegung kämpfte um die Einführung eines Acht-Stunden-Tages. (Es gab dabei auch Tote.)

Inzwischen ist der „Tag der Arbeit" auch zum „Internationalen Kampftag der Arbeiterklasse" geworden.

In Zürich beherrschen jeweils Fanatiker und Raufbolde die Szene, indem sie gesetz- und planlos in der Stadt erheblichen Sachschaden anrichten. So kam es, dass die Ausschreitungen der 1. Mai Chaoten diese direkt vor das Haus führten, wo deine Tante Faria wohnte. Auf ihrem Parkplatz hatte sie den BMW 320 von ihrem neuen Strohmann parkiert. Folgendes geschah:

„Gegen 16 Uhr legte die marodierende Meute vor den Büros der Firma KPMG in Zürich Aussersihl einen ersten Zwischenhalt ein. Es war der 1. Mai 2007, gegen hundert vermummte Chaoten aus dem Umfeld des „Revolutionären Aufbaus" zogen eine Spur der Zerstörung durch das frühere Arbeiterquartier, skandierten die üblichen Parolen gegen Imperialismus, Globalisierung und Abzocker. Die beiden anwesenden Securitas-Wächter konnten gerade noch in Deckung gehen, dann flogen Steine. Als wenig später die Polizei anrückte, wüteten die Randalierer bereits bei einer nahen Autogarage. Mitten im Getümmel stand plötzlich ein schwarzer BMW 320 in Flammen. Die Bilder des brennenden Sportwagens, dutzendfach eingefangen, wurden zu einem Symbol der Züricher „Maifeier" 2007." (Weltwoche 21/2007)

Der andere Strohmann

Nachdem der BMW 320 abgefackelt war, tauchte automatisch die Frage auf: Wer ist der Besitzer und Geschädigte des ausgebrannten Wagens? So wie dein Vater unwissend war, was alles mit seinem BMW X5 passierte, so zeichneten sich auch beim neuen Strohmann gewisse Ähnlichkeiten zum Sachverhalt ab:

„ ... Für die Zürcher Stadtpolizei war anfänglich nicht einmal klar, wem der schwarze Flitzer mit einem Verkehrswert von 40000 Franken überhaupt gehört. Eingelöst war der Wagen auf den Namen eines 29-jährigen Optikers, wie sich schnell feststellen ließ. Doch die Polizei konnte den Mann erst am folgenden Tag kontaktieren – und stellte dabei erstaunt fest, dass dieser „sein" Auto gar nicht vermisste; er wusste nicht einmal, wo der Wagen parkiert gewesen war, und besaß auch keinen Schlüssel. Bei der ersten Befragung räumte er freimütig ein, dass das Auto gar nicht ihm gehöre, sondern der 36-jährigen Tunesierin S., die in der Nähe des Tatortes wohnt. Sie sei die <alleinige Benützerin des Fahrzeuges>, rapportierte die Polizei. Weil sie seit Jahren von der Sozialhilfe lebe, habe sie den Leasingvertrag mit einer monatlichen Rate von rund 700

Franken sowie einer jährlichen Versicherungsprämie von Fr. 2'223.- über einen Strohmann abgewickelt. Doch bezahlt hat offenbar S., die Fürsorgebezügerin." (Weltwoche 21/2007)

Durch die weiteren Ermittlungen der Polizei wurde auch dein Vater als Strohmann ein Thema. Denn ein Polizist schrieb bereits Monate zuvor einen mehrseitigen Rapport ans Sozialamt mit dem Hinweis auf einen Sozialhilfemissbrauch deiner Tante. Zeitlich fiel dies genau in die Zeit, als dein Vater als Strohmann für deine Tante Faria eingesprungen war. Ob dein Vater damals von der Polizei in Kenntnis gesetzt wurde, entzieht sich heutiger Kenntnis. Die Briefpost an deinen Vater wurde ja oft von deiner Mutter im Keller „abgelegt".

Dass deine Tante Faria eine „Pinocchio-Nase" hatte, dies zeigte sich unter anderem auch darin, dass sie deinen Vater zum Straßenarbeiter machte, obwohl er ja Bankangestellter war:

„ <Es ist offensichtlich, dass es S. durch ihr Verhalten immer wieder gelingt, den Staat und damit den Steuerzahler zu schröpfen>, schreibt der zuständige Polizeibeamte am 4. Mai in einem ausführlichen Amtsbericht wegen <Verdacht des ungerechtfertigten Bezugs von Sozialleistungen>, zuhanden des Zürcher Sozialdepartementes. Für diese Annahme gibt es allerdings gute Gründe, wie aus dem Bericht weiter hervorgeht: Derselbe Polizist hatte nämlich bereits am 10. März 2005 einen analogen, vierseitigen Rapport an das Sozialamt geschickt.

Auch damals ging es um einen BMW. Allerdings um einen etwas teureren: einen praktisch neuen Offroader der Serie X5 mit einem Wert von über 100000 Franken. Gemäß dem ersten Polizeirapport hatte die Tunesierin damals einen Straßenwärter aus dem Aargau als Autobesitzer vorgeschoben. Aufgeflogen waren die Machenschaften zufällig im Zuge eines Strafverfahrens. Die Fürsorgebezügerin S. beglich die monatlichen Leasingraten von 1225 Franken und die jährlichen Versicherungsprämien von 3277.20 Franken jeweils in Cash. Bei der Befragung räumte sie unumwunden ein, dass sie den Straßenwärter bloß vorgeschoben habe, weil sie als Sozialhilfebezügerin keine Leasingverträge zeichnen könne. Über den Wagen samt dem Parkplatz, der zu ihrer vom Sozialamt bezahlten Wohnung gehöre, könne sie frei verfügen." (Weltwoche 21/2007)

Tante Faria bekommt ein Gesicht

Nach dem Schlaganfall deines Vaters konnte er den Namen deiner Tante Faria nicht mehr aussprechen. Von da an hieß sie nur noch „Die Dicke". Das war die neue Wortfindung deines Vaters für deine Tante.

Was unsere Familie von deiner Tante Faria zu wissen bekam, haben wir hauptsächlich aus den Medien erfahren – und zwar im Zusammenhang mit dem brennenden BMW 320. So lasen wir folgenden Text in der Weltwoche:

Zweckehen und Scheinväter

S. kam 1997 dank einer Heirat in die Schweiz, ihre ältere Schwester lebte bereits hier. Während der ersten fünf Jahre jobbte sie als Hilfskraft. Kaum lag die Niederlassung vor, trennte sich ihr Mann von ihr. Seither lebte sie, nach dem Vorbild ihrer Schwester, von der Fürsorge. Noch während der Ehe brachte sie zwei Kinder zur Welt, die mittlerweile eingebürgert sind – dies, obwohl ihr leiblicher Vater gar nicht der Ehemann von S. ist, sondern ein Marokkaner. Letzterer war, zumindest auf dem Papier, mit ihrer Schwester verheiratet.

Obgleich S. nicht arbeitete, finanzierte das Sozialamt Krippenplätze. Zu ihrem Lebensstandard gehören regelmäßige, bisweilen mehrmonatige Heimaturlaube. Vor zwei Jahren heiratete die Frau einen 27-jährigen, mehrfach vorbestraften Libanesen, der illegal in der Schweiz weilte; seither bezieht er ebenfalls Sozialhilfe. Im September 2006 informiert die Polizei das Sozialamt schriftlich, der

Mann lebe gar nicht mit S. zusammen, die Umstände deuteten auf eine Scheinehe hin. Das Sozialamt ging auch diesem Hinweis offenbar nicht nach." (Weltwoche 21/2007)

Der Fall des abgefackelten BMWs wurde zum Sozialhilfe-Skandal. Es gab kaum eine Tageszeitung in der Schweiz, die nicht darüber berichtete. So wusste der „BLICK" auch vom BMW X5, bei dem dein Vater der Strohmann war. Der „BLICK" fand weiter heraus, dass deine Tante selber einen Peugeot besaß, den ihre Schwester schließlich zu Totalschaden fuhr. Welche von deinen Tanten es war, bleibt hier offen. Unter der Schlagzeile „Jetzt rede ich" interviewte der BLICK deine Tante Faria zum Fall BMW. Und sie hat geredet – und gelogen. So wusste sie nichts mehr vom BMW X5 deines Vaters und beschuldigte die Polizei, „falsche Rapporte" geschrieben zu haben. Zudem beschuldigte sie einen Polizisten der sexuellen Belästigung. Der damalige Stapo-Sprecher sagte dazu, dass deine Tante sich irgendwie aus dieser Sache retten wollte. „Es sind für uns bislang bloße Schutzbehauptungen." Und weiter: „Wir haben keinen Grund, unserem langjährigen, erfahrenen Ermittler nicht zu glauben."

Nicht zu glauben war auch, dass der große Flachbildschirm von ihrem Ehemann gemietet wurde. Es gab ja keinen richtigen Ehemann. Zudem hat deine Mutter deinem Vater einige Ratenzahlungen „untergejubelt".

Für deine Tante Faria hatte die BMW-Geschichte Konsequenzen. Gegen sie wurde eine Strafuntersuchung eingeleitet. Sie musste sich wegen Betrug „etc." vor der Staatsanwaltschaft Zürich verantworten. Was mit „etc." gemeint, bleibt Datenschutz. Was noch in der Zeitung stand, war, dass sie auf dem Polizeiposten eine Tür eingetreten hatte. Und wenn du heute wissen willst, wie es für deine Tante Faria in dieser Sache weiterging – frag sie am besten selber.

Der nachhaltige Rauch eines BMWs

Konsequenzen gab es aber auch für deinen Vater. Mit einer polizeilichen Anordnung musste er über seine Zeit als Strohmann und über die Finanzierung seines BMW X5 Auskünfte geben – schriftlich. Da er zu dieser Zeit bereits kaum lesen und nicht mehr schreiben konnte, war er einmal mehr auf fremde Hilfe angewiesen, und dies kostete für alle Beteiligten viel Aufwand an Zeit und Nerven.

Einen „Mega-Ärger" brachte der Luxusflitzer auch für das Sozialdepartement Zürich, im Besonderen für die damalige Sozialvorsteherin. Nachdem einige spektakuläre Fälle von Sozialhilfemissbrauch durch zwei Mitarbeiterinnen des Sozialdepartements an die Öffentlichkeit geraten waren, hatte der „BMW-Fall" schließlich dramatische Folgen für die damalige Sozialvorsteherin: Der Druck auf die Vorsteherin des Sozialdepartements von Zürich wurde so groß, dass sie – 15 Monate nach dem BMW Brand – von ihrem Amt zurücktreten musste. Ein Jahr später gab auch die langjährige Direktorin der Sozialen Dienste ihren Rücktritt bekannt.

Der „Rauch" des brennenden BMWs erreichte auf dramatische Weise auch die zwei oben erwähnten Mitarbeiterinnen vom Zürcher Sozialamt. Da sie der „Weltwoche" Fakten über gravierende Missstände beim Zürcher Sozialamt weitergaben, machte sie dies zu den bekanntesten Whistleblowerinnen der Schweiz. Aber sie bezahlten einen hohen Preis dafür. Sie verloren ihre Anstellung und wurden von ihrer Chefin der Amtsgeheimnisverletzung angeklagt und vom Zürcher Obergericht und vom Bundesgericht als „schuldig" befunden. Nicht alle aber teilten die Meinung der Gerichte. Die beiden Frauen gewannen 2010 den Publikumspreis „Prix Courage". Im Weiteren lösten sie eine politische Debatte aus und trugen zu einem neuen System zur Betrugsbekämpfung bei – nicht ganz – aber doch nach dem Muster des Schweizer Filmes: „Die Schweizermacher".

Auf dem Sozialdepartement

Damals, als die Geschichte vom abgebrannten BMW bekannt wurde, die Medien das Thema immer wieder mit Schlagzeilen in Erinnerung riefen, „brannte die Sache mir schließlich unter den Nägeln", wie es in einer Redewendung heißt. Zudem war deine Tante Faria ja immer noch die Schwägerin deines Vaters. Darum entschloss ich mich kurzerhand, selber auf das Sozialamt zu gehen, in der Hoffnung, mehr darüber zu erfahren. Das Gespräch mit dem Sozialarbeiter jedoch legte nicht viel Neues an den Tag – weder für mich noch für das Sozialamt. Mir war das Meiste schon aus den Medien bekannt. Zum Beispiel, dass deine Tante wegen dem besagten BMW in eine kleinere Wohnung umziehen musste. Dem Sozialarbeiter konnte ich lediglich die Vornamen deiner in der Schweiz lebenden Verwandten angeben. Dabei wurde mir einmal mehr bewusst, dass ich so viel wie nichts wusste über deine Familie. Es fand ja auch kein Kontakt statt in all den Jahren nach der Hochzeit deiner Eltern. Gegen Ende meines Besuches erzählte ich dem Sozialarbeiter vom Schicksalsschlag, der deinen Vater und unsere Familien getroffen hat. Mit guten Wünschen des Sozialarbeiters für deinen Vater und für alle Familienangehörigen, kehrte ich in den Aargau zurück.

Zeiten, die nicht gefallen

Einmal habe ich deinen Vater gefragt, ob es wohl auch gute Zeiten in seiner Ehe gegeben habe. Das war, als er bereits den ersten Schlaganfall erlitten hatte. Er hat darauf nicht sofort geantwortet – möglicherweise wegen seiner krankheitsbedingten Sprachlosigkeit. Die Umstände erlaubten es nicht mehr, von schönen Momenten zu erzählen. Die Worte fehlten. Doch einmal erinnerte er sich an die ersten Ferien in Tunesien: „Es isch schön gsii." Mehr aber erzählte er nicht. Bestimmt aber, liebe Samia, hat es in der Ehe deiner Eltern auch schöne Zeiten gegeben und nicht nur Zeiten, die nicht gefallen.

Von der Scheidungsklage

Nachdem deine Mutter immer öfters deinem Vater mit der Scheidung gedroht hatte und doch passiv geblieben war, drängten wir deinen Vater, die Scheidungsklage selbst in die Hand zu nehmen. Wir befürchteten damals, dass deine Mutter die Scheidung eventuell in Tunesien einreichen könnte.

Einmal drohte sie, nach Genf zu ziehen und dort die Scheidung einzureichen. Das erzählte uns dein Vater. Scheidung in Tunesien oder in Genf – beidem mussten wir zuvorkommen. In einem Sprichwort heißt es: „Wer einen Stein rollt, auf den wird er zurückkommen". Dass dein hirnverletzter Vater die Scheidung einreichen würde, das hatte deine Mutter ihm wohl nicht zugetraut. Sie wurde damit völlig überrascht – und entsprechend wütend.

Von dem Tag an, als deine Mutter die Scheidungsklage erreicht hatte, weigerte sie sich, deinem Vater das Essen zuzubereiten, wenn sie überhaupt gerade zu Hause war. Das ist dir als noch nicht ganz vierjähriges Mädchen aufgefallen. So hast du deine Mutter gefragt, wieso Papi kein Essen bekomme. Deine Großeltern haben dann deinen Papi mit dem Nachtessen versorgt. Und die spitalexterne Hilfsorganisation „Spitex" wurde entsprechend an die Adresse deiner Großeltern umgeleitet. Denn noch immer konnte dein Vater sich nicht selber das lebensnotwendige Insulin spritzen und die entsprechenden Werte ablesen und zuordnen. Tagsüber war er in der Tagesklinik, wo er diesbezüglich Unterstützung bekam und zum Glück auch das Mittagessen einnehmen konnte.

Da die Aggressionen deiner Mutter gegen deinen Vater nicht aufhörten und seine Blutzuckerwerte lebensgefährliche Schwankungen zeigten, drängte sich eine stationäre Woche in der Tagesklinik auf. Aber auch dort hatte er keine Ruhe. Deine Mutter kam, setzte sich über die Besuchszeiten hinweg und bedrängte und bedrohte ihn weiter – diesmal, um die Scheidungsklage rückgängig zu machen. Dafür aber war es zu spät, es war zu viel passiert. Und dein Vater lernte langsam und etappenweise wieder, zwischen Gut und Böse, zwischen Recht und Unrecht zu unterscheiden.

Liebe Samia, du hast unter der Trennung deiner Eltern sehr gelitten. Darum sollst du jetzt auch erfahren, dass die Scheidung unumgänglich war – für beide Seiten. Von etlichen Aufregungen und Missständen hast du bereits erfahren. Nun sollst du aber noch mehr darüber wissen. Aber davon erzähle ich dir nur einen kleinen Bruchteil. Mehr als vier dicke Bundesordner zeigen das Hin und Her der Scheidungsklage deiner Eltern. Es wurde gestritten, gekämpft, gelogen, betrogen, gestohlen und behauptet! So ist es offenbar bei den Menschenkindern, die sich scheiden lassen.

Ein triefendes Dach

„Ein zänkisches Weib ist wie ein ständig triefendes Dach". Dieses Sprichwort wurde für deinen Vater zur unschönen Wirklichkeit. Deine Mutter behauptete bis zuletzt, also durch den ganzen Scheidungsprozess hindurch, deine Eltern hätten eine normale Ehe geführt. Aus diesem „normalen" Ehealltag erzähle ich dir nun einige weitere Geschehnisse:

Bereits nach der Hochzeit zeigte sich, dass deine Mutter wenig von ihrer Ehe hielt. Ihr Interesse galt vielmehr ihrer tunesischen Verwandtschaft: Ihren Eltern, die in Tunesien lebten, ihren Schwestern, die in der Schweiz eine Niederlassung mit Wohnsitz in Zürich hatten sowie Bruder Achmed, verheiratet mit einer Schweizerin. Durch die Hochzeit mit deinem Vater war es jetzt möglich, so oft es die Visavorschriften erlaubten, deine tunesischen Großeltern aus dem tunesischen Alltag in die Schweiz zu holen. Finanzieren musste nun dein Vater all die Reisen und Aufenthaltskosten. Deine Tanten und dein Onkel waren so gut wie mittellos, verschuldet oder lebten von der Sozialhilfe. Eine finanzielle Unterstützung konnte nicht erwartet werden. Deine Tante Raja – verheiratet mit einem Schweizer – lebte gerade in Trennung.

Nicht nur einmal kam es vor, dass dein Vater vor die Tatsache gestellt wurde, dass deine tunesischen Großeltern unverhofft vor der Tür standen. Er wurde nicht informiert. Im Weiteren verlangte deine Mutter, dass er die Bürgschaft für mehrere Leute übernehme, die er gar nicht kannte. (Davon habe ich dir bereits berichtet.) „Die Frau muss weg. Sie ist zu teuer", war das Fazit einer Sozialarbeiterin, als sie in die turbulenten Verhältnisse Einblick bekam.

Statt ehelicher Zweisamkeit führte deine Mutter eine autonome Ehe – das heißt – nach ihren eigenen Gesetzen. Selbst als du geboren wurdest, änderte sich nichts. Gleich nach deiner Geburt und ohne Absprache mit deinem Vater reiste deine Mutter mit dir nach Tunesien – angeblich. Später stellte sich heraus, dass deine Mutter in den zwei Monaten Abwesenheit gar nicht in Tunesien war, sondern in Zürich gearbeitet hatte. (Das habe ich eingangs schon erwähnt.) Zurück aus ihrem Fortbleiben lebte deine Mutter mit dir vorwiegend in Zürich. An den Wochenenden kam sie jeweils nach Hause – mit Gästen aus der Familie oder mit Leuten, die sie beiläufig kennengelernt hatte. Oft ließ sie diese Kurzbekanntschaften auch übernachten. Auch hier ohne Absprache mit deinem Vater.

Aus dem ehelichen Schlafzimmer hatte sich deine Mutter schon seit längerem zurückgezogen. Erst während des Scheidungsverfahrens wurde die Vermutung bestätigt, dass deine Mutter seit langem eine außereheliche Beziehung pflegte. Offenbart hat sich ihr Freund selber – in einem Brief an die Scheidungsanwältin deiner Mutter. Dazu aber später.

Immer wieder war das „liebe Geld" ein Spannungsfeld in eurer Familie. Von den neunzigtausend Franken, die deine Mutter für einen Hauskauf in Tunesien erhalten hatte, mit zusätzlichen Renovationskosten von mehreren tausend Franken, davon habe ich dir anfangs auch schon erzählt.

Wie bereits angedeutet, berichte ich dir nun von einem weiteren Fall, bei dem deine Mutter von deinem Vater nochmals einen hohen Geldbetrag forderte:

Als du gerade mal ein Jahr alt warst, wollte deine Mutter in Zürich unbedingt ein Restaurant eröffnen, ohne die nötige Erfahrung ausweisen zu können. Dafür verlangte sie von deinem Vater hundertdreißigtausend Franken. (Für dieses Geld müsste ein tunesischer Kellner über drei Jahrzehnte lang arbeiten.) Als dein Vater sich weigerte, deiner Mutter das Geld zu geben, setzte sie ihn wochen- ja monatelang unter Druck. Sie erklärte ihm, entweder kaufe er ihr jetzt das Restaurant, oder sie verlasse ihn mit dir zusammen, und dein Vater werde dich nie wiedersehen. Anlässlich eines weiteren Unterdrucksetzens verlangte sie, dass er die Wohnung verlasse, ihr die Hälfte seines Lohnes abgebe und darauf verzichte, dich je wieder zu sehen. Eine weitere Alternative sah sie darin, dass dein Vater ihr eine Wohnung suchen soll mit Schlafzimmer, Wohnzimmer, Kinderzimmer, komplett eingerichtet mit TV etc. und – wiederum auf ein Besuchsrecht verzichtet. Nachdem dein Vater auf die Forderungen nicht einging, kam das Ultimatum: Sie rief ihn am Arbeitsplatz an und verlangte erneut, dass er ihr das Restaurant kaufe. Für den Fall, dass er dies nicht tue, werde er dann schon für sie bezahlen müssen, und sie werde mit ihrem Kind für immer verschwinden. Als die Telefonanrufe am Arbeitsplatz deines Vaters nicht aufhörten, stoppte sein Chef die Verbindung. Schließlich suchte dein Vater einen anwaltlichen Rat. Der Gedanke an eine Ehescheidung wurde ein Thema. Dann: Das Ultimatum lief ab – und deine Mutter war nicht mit dir entschwunden. Aber das Wort „Scheidung" belastete nun erst recht die Ehe deiner Eltern.

Unter einer „normalen Ehe" verstand deine Mutter zum Beispiel den Ehemann stets zu hintergehen, ihn zu verspotten, zu bestehlen, auszutricksen und immer wieder zu bedrohen. Sie scheute sich auch nicht, ihn in der Nacht aufzuwecken, einen Streit zu inszenieren, sodass sie einen Grund hatte, die folgenden Nächte in Zürich zu verbringen – oder ein Wochenende in Arosa oder Davos, mit wem auch immer.

An dieser Stelle verzichte ich auf weitere Beispiele. Vieles hast du ja bereits in den obigen Zeilen erfahren und einiges wirst du in den nachfolgenden Zeilen noch lesen. Tatsache ist: In den ganzen Ehejahren hatte deine Mutter deinen Vater physisch wie psychisch schlecht behandelt – wie eben nach dem Sprichwort: „Ein zänkisches Weib ist wie ein ständig triefendes Dach".

Von der Schriftenhinterlegung

Einmal mehr wollte deine Mutter mit dir in die Ferien – acht Monate nach dem Schlaganfall deines Vaters. Die eheliche Beistandspflicht war ihr schlicht egal. Nun aber standen ihr ihre ständigen Drohungen gegen deinen Vater im Wege. Die Drohungen nämlich, dass sie dich, Samia, von deinem Papi für immer wegnehmen würde und dich ins Ausland bringe – sprich Kindsentführung!

Das wollte dein Vater unbedingt verhindern, denn du warst das Liebste, das er hatte. Er wollte auch verhindern, dass irgendjemand dir den Vater wegnehmen kann. Denn eure Verbindung war sehr stark. Wie du selber später erzählt hast, hast du als kleines Mädchen gerne seine Nestwärme genossen, obwohl dir dies deine Mutter verboten hatte.

Dein Vater besprach sich mit seinem Anwalt und es folgte die entsprechende Verfügung: Deine Mutter wurde vom Bezirksgericht aufgefordert, deine Reisedokumente (Pass und ID) auf dem Bezirksgericht zu hinterlegen. Sollte sie sich weigern, drohte ihr eine Freiheitsstrafe von drei Monaten oder eine Busse bis zu fünftausend Franken. Deine Mutter musste angesichts dieser richterlichen Verfügung kapitulieren.

Ein weiterer Grund, der deinen Vater zur Schriftenhinterlegung veranlasste, war die Geschichte deiner Cousine Noura. Deine Tante Amaira ließ ihr Töchterchen so lange bei deinen Großeltern in Tunesien aufwachsen, dass Noura glaubte, ihr Großvater sei ihr Vater.

Natürlich wehrte sich deine Mutter gegen die Schriftensperre. Aber all die Bemühungen von verschiedenen Anwälten nützten nichts. Selbst ein Jahr danach fand das Bezirksgericht keinen Grund, die Schriftensperre aufzuheben und empfahl wiederholt, die Ferien in der Schweiz zu verbringen, wo man sich auch erholen könne.

Aber es lag auf der Hand: Die Schriftensperre konnte nicht ewig aufrechterhalten werden. Nach vielen Kämpfen mit den Anwälten, Sozialarbeitern und dem Gericht wurde die Schriftensperre im fortgeschrittenen Scheidungsprozess aufgehoben – nach über dreißig Monaten.

Entziehung Unmündiger und ein Freispruch

Weil deine Mutter dich deinem Vater monatelang vorenthielt, erreichte sie ein Strafbefehl: „Entziehung Unmündiger." Dieser wurde jedoch nach mehreren Monaten wieder aufgehoben. In der Kurzbegründung des gerichtlichen Urteils (Urteildispositiv) sprach das Gerichtspräsidium schließlich deine Mutter frei mit einem Brief an die zuständige Staatsanwältin:

Einerseits befand das Gericht den Freispruch als gerechtfertigt, anderseits stellte dieses das Handeln deiner Mutter in Frage.

Aus dem Brief erfuhren wir im Weiteren die Gründe, die deine Mutter dazu bewogen, mit dir ins Frauenhaus zu ziehen. Sie fühlte sich von deinem Vater mehrfach bedroht. Und um auch dich vor ihm zu schützen, zog sie in Frauenhaus. Das Frauenhaus wiederum wurde, was dessen Kommunikationsbereitschaft betraf, zwar kritisiert. Doch im gleichen Atemzug aber schrieb das Gerichtspräsidium, dass die Beiständin deines Vaters regelmäßig über deinen Zustand informiert worden sei. (Dass dies nicht der Fall war, das könnte die damalige Beiständin deines Vaters bestätigen. Und wer mit Drohungen um sich schlägt, das weiß dein Vater zur Genüge.)

Schlussendlich gab das Gericht zu, dass die ganze Angelegenheit unübersichtlich sei. Aber – um eine mögliche Eskalation zu vermeiden – entschied sich dieses zum Freispruch.

Vom ersten Wiedersehen

Das erste Wiedersehen mit deinem Vater fand bei der ersten Hauptverhandlung der Scheidung statt – im Gang des Gerichtsgebäudes. Bei dieser ersten Anhörung nahm dich deine Mutter mit, sowie deine Tante Faria. Dein Vater erzählte, dass du immer wieder zu ihm hingeschaut hast und zu ihm wolltest. Aber deine Tante Faria hat dich festgehalten. Dein Papi hatte die Provokation erkannt und sich dir nicht genähert. Vielleicht war er auch mit der ganzen Situation einfach überfordert.

Erziehungsbeistandschaft

Bei der ersten Hauptverhandlung und Anhörung deiner Eltern verfügte das Gerichtspräsidium zwei Dinge zu deinen Gunsten: Erstens wurde dir eine Erziehungsbeistandschaft zugestanden und zweitens ordnete das Gericht die Besuchstage bei deinem Vater an. Ab sofort durftest du zweimal im Monat, jeweils samstags, deinen Vater sehen, mit ihm Zeit verbringen und einige Stunden in der gewohnten Wohnumgebung sein. Ein Teil der Aufgabe des Beistandes bestand darin, die Besuchstage zu überwachen. Wenn auch ungern, so hat sich deine Mutter dieser Verordnung gefügt. Von einigen Erlebnissen bei deinen Besuchstagen erzähle ich dir später.

Eine weitere Aufgabe des Beistandes bestand darin, die Eltern zu beraten. Das wusste auch die Scheidungsanwältin deiner Mutter. So schrieb sie dem Beistand einen Brief und forderte ihn auf, sich mit der Schriftensperre zu befassen, damit wieder „Bewegung in die Sache" komme. Der Beistand lenkte ein und zitierte vorerst einmal deinen Vater aufs Sozialamt – und ich ging mit, an Stelle der Beiständin deines Vaters. Denn diese kannte die familiäre Situation zu wenig. Zudem war dein Vater aufgrund seiner Hirnverletzung gar nicht verhandlungsfähig. Leicht hätte man ihn zu etwas überreden können, was er nicht verstanden und folglich auch nicht gewollt hätte.

Im Büro angekommen, empfing uns dein Beistand – ein Sozialarbeiter. In der Ecke neben der Tür des Büros saß eine Sozialarbeiterin und verfolgte das Gespräch, ohne sich je einmal einzumischen. Der motivierte Sozialarbeiter versuchte nun das, was weder ein früherer Anwalt deiner Mutter noch die Scheidungsanwältin geschafft haben: Die Aufhebung der Schriftensperre. Er schlug deinem Vater vor, seinen Anwalt aufs Sozialamt zu bestellen. Dann würden alle Beteiligten zusammensitzen und sich neu beraten in Sachen Schriftensperre. Ich protestierte: „Das kostet meinen Bruder wieder tausend Franken!" „Das ist mir egal!", antwortete der Sozialarbeiter gereizt. „Aber uns nicht!", antwortete ich, verwundert über eine solche Aussage eines Sozialarbeiters, der doch das Wort „Sparen" kennen müsste. Dann war das Gespräch beendet. Einen Tag später schrieb ich deinem Beistand einen Brief und beklagte mich bei ihm. Denn vorgängig wurde besprochen, dass die Schriftensperre kein Thema sei. Aber – er erlag eben dem Charme deiner Mutter und ließ sich von ihr und ihrer Anwältin instrumentalisieren.

Mit der Scheidung deiner Eltern wechselte deine Beistandschaft vom Kanton Aargau in den Kanton Zürich. Dabei hatten wir die Möglichkeit zwischen einem Beistand oder einer Beiständin zu wählen. Wir wählten präventiv eine Frau, um eine mögliche Instrumentalisierung durch einen männlichen Beistand zu vermeiden.

Doch eines Tages, das heißt, mehr als Jahre nach der Scheidung deiner Eltern, erhielt dein Vater von einem Gruppenleiter vom Sozialzentrum eine Einladung zum Gespräch – zusammen mit deiner Mutter und dir. Die Besprechung hätte im Zimmer der zuständigen Beiständin stattfinden sollen, die gerade in den Ferien weilte! Ein Grund für die gemeinsame Besprechung wurde nicht genannt. Der Sozialarbeiter schrieb lediglich noch die praxisübliche Formel: „Sollten Sie den Termin aus wichtigen Gründe nicht einhalten können, bitten wir Sie, uns so rasch wie möglich zu informieren."

Wir haben den engagierten Gruppenleiter dann so rasch wie möglich informiert, dass ein Gespräch für deinen Vater unzumutbar sei. Das wisse die Beiständin von Samia. Und auch Samias Mutter wisse dies vom Scheidungsverfahren her. Dann ließ ich den Gruppenleiter wissen, dass alle Post in Zukunft an mich gesandt werden soll – und grüßte ihn freundlich…

Nach über einem Jahr habe ich den Grund des Gespräches doch noch durch eine Drittperson erfahren: Deine Mutter wollte Geld von deinem Vater – außerhalb der geregelten Unterhaltszahlungen! Es ging um eine Zahnarztrechnung. Deinem Vater habe ich bis heute nichts davon erzählt.

Ein Finger zu viel

Es war nicht irgendein Finger: Es war der „Stinkefinger". Als wir drei Schwestern – die Schwestern deines Vaters (also deine Tanten) – gehört hatten, dass deine Mutter deinem Vater den besagten Stinkefinger gezeigt hatte, war das für uns schlicht und einfach ein Finger zu viel. Wir kamen zum Schluss: Wer einem hirnverletzten

Ehemann jegliche Unterstützung verweigert, einen Liebhaber hat, dem kranken Ehemann den Stinkefinger zeigt – der braucht auch den BMW des Ehemannes nicht mehr zu fahren. Wir – also deine drei Tanten – fassten den Entschluss, deiner Mutter den BMW 320, der auf den Namen deines Vaters eingelöst war, wegzunehmen. Es brauchte allerdings etwas Überzeugungsarbeit bei deinem Vater. Denn eine verbale Tracht Prügel seitens seiner Ehefrau war ihm einmal mehr sicher.

Aktion BMW 320

Es war an einem kalten Februartag, als deine Tanten einmal mehr als unfreiwillige Detektive tätig wurden. Wir wussten, wann deine Mutter dich am Abend von der Kinderkrippe abholte. Von deinem Vater hatten wir den Zweitschlüssel verlangt. Wir warteten bei der Autobahnausfahrt, bis wir deine Mutter mit dem Auto kommen sahen. Als sie das Gebäude der Kinderkrippe betrat, konnte die Aktion beginnen. Während ich und deine Tante Alina in meinem Auto warteten, versuchte deine Tante Petra krampfhaft, den BMW zum Laufen zu bringen. Gleichzeitig waren wir mit dem Handy verbunden. Da hörten wir Petra vor sich her schimpfen. Der Wagen wollte einfach nicht anspringen. Minuten vergingen – und es ging immer noch nichts. Wir begannen zu rechnen, wie viel Zeit uns noch blieb: Wie lange dauert es, bis eine Mutter ihr Kind und andere Kinder, die Leiterinnen der Kinderkrippe begrüßt hat, sich den Tag erzählen lässt, dann die Schuhe, die Winterjacke, die Mütze dem Kind anzieht und allen Tschüss gesagt hat? Wir hatten noch etwas Zeit. Den BMW brachte Petra trotz allen Tipps immer noch nicht zum Starten. Plötzlich kam mir in den Sinn, dass mein Mann einmal von einem Mitarbeiter erzählt hatte, der einst bei BMW als Automechaniker gearbeitet hatte. Ich rief meinen Mann an. Er übermittelte mir die erlösende Information des Mitarbeiters: Zum Starten auf die Bremse drücken! Dafür aber war es bereits zu spät. Wir mussten die

Übung abbrechen. Mit einer total frustrierten Petra fuhren wir zu den Eltern, wo dein Vater gerade das Abendessen einnahm.

Im Geheimen war ich froh, dass du und deine Mutter bei der Februarkälte, nicht zu Fuß nach Hause mussten. Als ich einen neuen Termin für den Zweitversuch vorschlagen wollte, sagte deine Tante Petra fest und bestimmt: „Ich gehe nicht nach Hause, bis wir den BMW haben." Mit anderen Worten – heute noch. Die Schwierigkeit aber war, wir mussten das Auto aus der Garage holen. Über der Garage befand sich das Wohnzimmer und ein Teil der Küche. Das könnte man doch hören – schon alleine das Öffnen des Garagentores. Allen Bedenken zum Trotz ließen wir uns von deinem Vater den Code für die Garage geben. Während er noch bei den Eltern blieb, bis die Aktion vorbei war, gelang es Petra schließlich, den BMW aus der Garage zu holen – ohne dass deine Mutter etwas bemerkte. Einmal mehr mussten wir einen BMW „verstecken". Beim Räumen des Autos fanden wir elf „Verlustscheine infolge Pfändung" in der Höhe von über hundertzweiunddreißigtausend Franken. Sie betrafen deine Tante Ameira. Im Weiteren lag ein Schreiben eines Sozialamtes bei. In diesem erfuhren wir, dass deine Cousine Noura, die Tochter deiner Tante Ameira, eine Beistandschaft benötigte.

Frau, Kind und BMW weg

Ein nicht einfaches Los hatte dein Vater. Er musste deiner Mutter und dir beibringen, dass seine Schwestern den BMW 320 „eingezogen" hatten. Dein Vater erzählte, dass du mit ihm und mit deiner Mutter in die Garage hinunter gegangen seid und in die leere Garage geschaut habt. Der fehlende BMW 320 soll dich traurig gemacht haben. Darauf, so dein Vater, sagte er dir: „Papi kauft ein neues Auto – nur für Samia und Papi." Damals wusste dein Vater noch nicht, dass er nie mehr imstande sein wird, ein Auto zu fahren. Was deine Mutter betrifft – nach der Scheidung konnte sie sich, mit den Unterhaltszahlungen deines Vaters, einen eigenen BMW leisten.

Am selben Abend verließen du und deine Mutter die Wohnung. Mit der Bahn und als „Schwarzfahrerinnen" ging es einmal mehr nach Zürich – diesmal für immer. Eine Freundin aus dem Nachbardorf begleitete euch.

Plaudereien: Frauenhaus

Lange wusste niemand, wo du und deine Mutter sich aufhielten. Am meisten Sorgen machte sich dein Vater wegen dir, Samia. Er wollte wissen, ob es dir gut geht. Die plötzliche Trennung von dir machte ihm zu schaffen. Er bat uns, ihm zu helfen, dich zu suchen. Nachdenklich wurden wir jedoch, als dein Vater weder eine Adresse noch eine Telefonnummer deiner drei Tanten angeben konnte. Dein Vater meinte, eine Adresse hätte er nicht, aber er wüsste, wo es mit dem Auto durchgehe. Schließlich sagte dein Papi: „Abwarten."

Nach einigen Wochen stand es fest: Du und deine Mutter befanden sich im Frauenhaus. Davon zeugte die Rechnung über mehrere tausend Franken, die über das Sozialamt hereinkam, und die nun dein Vater begleichen sollte. Die Beiständin deines Vaters rief im Frauenhaus an, aber jegliche Auskunft wurde vom Frauenhaus verweigert – auf Wunsch deiner Mutter. Über das unkooperative Verhalten des Frauenhauses hatte sich die damalige Beiständin sehr geärgert. Tatsache ist, dass deine Mutter freiwillig ins Frauenhaus gezogen war. Das heißt, ohne ersichtlichen Grund. Denn in Zürich standen ihr mindestens vier Betten zur Verfügung. Man wollte deinen Vater damit einfach schlecht machen. Es wurde ihm auch gewissermaßen schlecht, als er hörte, dass ihr im Frauenhaus seid. Damit man überhaupt im Frauenhaus aufgenommen wird, muss man einen triftigen Grund haben. Dein Vater erinnerte sich, dass deine Mutter ihn gebeten hatte, sie zu schlagen. Da dein Vater kein Frauenschläger ist, musste deine Mutter einen anderen Grund finden, um ins Frauenhaus zu kommen. Und dieser war, dass du Samia, Angst vor deinem Papi hättest! Später gab deine Mutter in den Scheidungsakten an, dass dein Papi sie mit dem Tode bedroht hätte…

Später, als wir für deinen Vater eine Haushalthilfe finden konnten, stellte sich im Gespräch heraus, dass deren Tochter zur selben Zeit im Frauenhaus war wie du und deine Mutter. Ihr Ehemann hatte sie zusammengeschlagen. Und diese Tochter erzählte, dass deine Mutter nicht zu den Frauen zähle, die ins Frauenhaus gehörten.

Einen Überraschungsbesuch aus dem Frauenhaus erlebte dein Vater an einem Sonntagmorgen. Zwei Frauen klingelten an der Haustür. Als dein Vater diese öffnete, drangen zwei Frauen – ohne Worte und ohne Gruß ins Haus – und holten Sachen ab. Was sie suchten und holten, war nicht bekannt. Dein Vater meinte, sie hätten möglicherweise Kleider und ein Kuscheltier aus deinem Zimmer geholt. Wortlos und ohne Gruß verließen sie wieder die Wohnung. Eine Frau erkannte dein Vater – deine Mutter.

Einmal hast du das Frauenhaus erwähnt, Samia. Das war nach der Scheidung, als dein Vater bereits das Besuchsrecht hatte. Wir machten einen Ausflug an den Pfäffikersee. Dort hatte es ein Schwimmbad, das dich an das Frauenhaus erinnerte. „Sind wir jetzt im Frauenhaus?", hast du gefragt. Von da an wussten wir, dass es im Frauenhaus auch ein Schwimmbecken gibt.

Es war an einem Sonntag, gegen Ende des Gottesdienstes, als es um die Kollekte ging. An jenem Sonntag war die Kollekte für das Frauenhaus bestimmt. Als ich dies hörte, erinnerte ich mich an das überhebliche Verhalten der Mitarbeitenden des Frauenhauses gegenüber der Beiständin deines Vaters, und legte mein Geld wieder zurück.

„Polizischt Wäckerli"

Die Sache mit deinen tunesischen Großeltern, die ungültigen Visa, die Urkundefälschung deiner Mutter, die Schriftenhinterlegung und das Scheidungsverfahren haben auch den Freund deiner Mutter auf den Plan gerufen: Jan Hotz – von Beruf Polizist. Du kennst ihn ja bestens schon von klein auf. (Du erinnerst dich bestimmt: Uns gegenüber hast ihn als euren „Untermieter" ausgegeben!) Unsere Familie hat ihm, nach dem gleichnamigen Schweizer Film, den Beinamen „Polizischt Wäckerli" gegeben, weil er wacker Briefe schrieb an Gerichte, Anwälte, und an das Migrationsamt, einfach stets überall, wo deine Mutter oder ihre Familie Wünsche hatten oder in Schwierigkeiten geraten waren. Dabei verwendete er den Briefkopf seines Arbeitgebers. Das machte mehr Eindruck als bloß der nackte Name: Jan Hotz.

Liebe Samia. Als deine Eltern bereits getrennt lebten, und du vier Jahre und sieben Monate alt warst, schrieb der Freund deiner Mutter einen Brief an die Anwältin deiner Mutter. Diese sandte den Brief weiter an den Anwalt deines Vaters – und erreichte schließlich auch deinen Vater – mit folgendem Inhalt:

In einem ersten Satz teilte er der Scheidungsanwältin deiner Mutter die Gründe seines Schreibens mit: Es seien die Beobachtungen, die er in Bezug auf dein Verhalten anlässlich der jüngsten Ereignisse wahrgenommen und die Gespräche, die er diesbezüglich mit dir, Samia, geführt habe.

Jan Hotz schreibt, dass er dich bereits seit deinem sechsten Lebensmonat kennt, dich regelmäßig sah und mit dir oftmals die Zeit auf dem Spielplatz verbracht hat. Mit vielen schönen Eigenschaftswörtern stellt er dich in seinem Schreiben vor.

Dann aber verwandeln sich die schönen Adjektive zu deinen Ungunsten. Schuld daran gibt er den Vorkommnissen der letzten Monate: Die Fantasiegeschichte mit der Unterschriftenfälschung deiner Mutter; die unfreiwillige Abreise deiner Großeltern Mimi und Opi; die Schriftensperre – und nicht zuletzt ist auch das Frauenhaus noch kurz ein Thema.

Das alles habest du als kleines Mädchen wahrgenommen und dich immer wieder über deinen Papi beklagt. Dann folgten nicht wenige unschöne Aussagen über deinen Papi, die du alle selber gesagt haben sollst.

Dafür aber wird deine Mutter gelobt – als gute Hausfrau, die doch das Essen für ihre Familie gekocht habe – aber schließlich als Opfer ihres Ehemannes und deren Familie geworden sei.

In einem weiteren Abschnitt geht es um die munitionslose Dienstwaffe deines Vaters, die deine Mutter aus lauter Bedrohungsgefühlen auf den Polizeiposten brachte. Man hätte sie ausgelacht und zu spüren gegeben, dass sie Ausländerin sei. Beiläufig wird auch der Schweizer Familie, in die deine Mutter eingeheiratet hat, Rassismus vorgeworfen. Zudem stellt er bei deiner Mutter Zukunftsängste und einen erheblichen Vertrauensverlust fest: Vorwurfsvoll stellt Jan Hotz die Frage in den Raum, ob bei alle dem überhaupt noch Hilfe von einer Behörde erwartet werden könne. Es folgen Ausrufezeichen und ein Fragezeichen.

Erwähnt wird auch das Kinderzimmer, unter dessen Verlust du sehr gelitten hast und nachts jeweils nicht durchschlafen konntest. Er berichtet, dass du gesagt habest, dass dein Papi aus dem Haus verschwinden soll, damit du und deine Mutter in Frieden leben können.

Abschließend werden dein Papi und seine Familie für die ganze Situation verantwortlich gemacht.

Du hingegen wirst noch einmal gelobt und bewundert, diesmal weil du trotz deinen jungen Jahren viel von alledem mitbekommen hast. Dann folgen, mit nicht überhörbarem Unterton, Erziehungsratschläge an deinen Papi und seine Angehörigen.

Am Schluss seines Briefes stellt sich Jan Hotz als Auskunftsperson zur Verfügung, falls dies vom Gericht gewünscht wird. Das Gericht aber fand es nicht für nötig, ihn in den Zeugenstand zu rufen.

Auch ich will nicht näher auf den Brief des Freundes deiner Mutter eingehen. Aber die Geschichte von deinem Kinderzimmer, die muss ich dir doch noch erzählen, weil sie eine humorvolle Pointe in der gegenseitigen Korrespondenz der Anwälte beinhaltet:

Dein Kinderzimmer war ein ständiges Thema und Tauziehen zwischen der Anwältin deiner Mutter und dem Anwalt deines Vaters und schlug sich folglich nieder in ihren Anwaltsbriefen. Beim Auflisten und Abholen der persönlichen Gegenstände deiner Mutter war auch dein Kinderzimmer aufgeführt. Aber das Gericht erlaubte keine vorzeitige Gütertrennung. Vorwurfsvoll schrieb die Anwältin ihrem Berufskollegen, ob das kleine Mädchen, im Sinne des Kindeswohls, nach wie vor auf irgendeiner Matratze schlafen soll?! Schlagfertig schrieb der Anwalt deines Vaters der Gegenpartei, ob sie dich, bei deinen zukünftigen Besuchstagen bei deinem Vater, auf dem Boden schlafen lassen wollen!

Das Tauziehen um dein Kinderzimmer zog sich während des ganzen und langen Scheidungsprozesses hin. Kurz vor der letzten Hauptverhandlung brachte dein Vater endlich die erlösende Antwort betreffend deinem Kinderzimmer: Er fand die entsprechende Kaufquittung mit dem Vermerk „Gästezimmer".

Dieses angebliche Kinderzimmer hatte er, lange bevor er deine Mutter kennengelernt hatte, gekauft – für allfällige Gäste.

Die Anwälte

Liebe Samia, zu den Aufgaben eines Rechtsanwaltes gehört es, Menschen in schwierigen Lebenssituationen beizustehen und ihnen zu ihrem Recht zu verhelfen. Dazu gehört auch die parteiliche Interessenvertretung – das heißt: Bei einer Scheidung stehen sich nicht nur die betroffenen Paare gegenüber sondern auch die Anwälte.

Im Weiteren müssen die Anwälte auch manchmal das sagen oder schreiben, was ihre Klienten wünschen, auch wenn sie selber nicht alles glauben können, was ihnen „aufgetischt" wird. So schrieb zum Beispiel ein Zürcher Rechtsanwalt deiner Mutter in einem Brief, dass du deinen Vater nicht mehr sehen willst. Damals warst du viereinhalb Jahre alt. Die Realität aber hatte das Gegenteil bewiesen, denn Du hast deinen Papi vermisst. Eine weitere „Blüte" war, dass eine Anwältin deiner Mutter schrieb, dass der Schlaganfall auch die Ursache des nächtlichen „Schnarchens" deines Vaters sei.

Nun aber stelle ich dir kurz die Haupt-Scheidungsanwälte deiner Eltern vor:

Anwalt Fuchs

Anwalt Fuchs war der Anwalt, der deinen Vater vertrat und die Hauptarbeit bei der Scheidung geleistet hat. Er war ein kleiner, älterer Mann. Sein Markenzeichen waren bunte Hemden mit Blumen- oder Schmetterlingsmotiven.

Anwalt Fuchs und dein Vater hatten etwas Gemeinsames. Es war die Liebe zum Geld. Als Anwalt Fuchs, bevor er überhaupt angefangen hatte zu arbeiten, von deinem Vater einen sehr hohen Vorschuss verlangte, regte sich Notar Bühler, der zu dieser Zeit immer noch zuständig war für die Finanzen deines Vaters, heftig auf und beschimpfe ihn mit einem unschönen Beinamen. „Das Geld muss einer auch zuerst haben", ereiferte sich der Notar weiter. Dein Vater hatte es – und man bezahlte den Vorschuss. Während dein Vater dem Motto „Zuerst die Arbeit, dann das Vergnügen" treu blieb, dachte Anwalt Fuchs umgekehrt: „Zuerst das Geld, dann die Arbeit." Dieses Hin und Her mit den Vorschüssen der Anwaltskosten zog sich durch den ganzen Scheidungsprozess und war unschön und belastend. Eigentlich hätte Anwalt Fuchs wissen müssen, dass er nicht zu kurz kommt. Schließlich hatte er, als Scheidungsanwalt, Einblick in die Finanzen deines Vaters. Denn bei einer Scheidung muss man diese dem Anwalt und Gericht offenlegen. Aber Anwalt Fuchs konnte nicht über seinen Schatten springen – auch nicht in Anbetracht der Krankheit deines Vaters.

Anwalt Fuchs hat viel und genau gearbeitet und sehr viel geschrieben. Im Nachhinein betrachtet, hat er zu viel Schriftliches getätigt. Teilweise mühsam waren die Besprechungen in seinem Büro. Ich erklärte ihm, dass ein Hirngeschädigter sich nicht lange konzentrieren kann. Dementsprechend kurz sollten auch die Besprechungen sein. Doch diese überzogen sich bis zu zwei Stunden. Ständige Wiederholungen waren die Folge. Und tausende von Franken gingen auf diesem Weg sozusagen „unter dem Sitz" weg – vom Konto deines Vaters.

Peinlich genau führte Anwalt Fuchs Buch über seine Auslagen. Nichts durfte verloren gehen. So konnte er zum Beispiel bei einer seiner Honorarrechnungen von über dreiundzwanzigtausend Franken noch eine Extrazeile aufführen für ein Telefonat von achtzig Rappen. Und wenn man etwas nachfragte, so war stets ein Angestellter der Schuldige.

Wie schon erwähnt, hat der Anwalt deines Vaters viel gearbeitet. Teilweise war es auch eine mühsame Arbeit – die Arbeit mit deinem hirngeschädigten Vater. Das zeigte sich vor allem, als es darum ging, die finanzielle Situation deines Vaters zu eruieren. Wie du bereits weißt, müssen beide Parteien, also dein Vater wie deine Mutter, bei einer Scheidung ihre finanziellen Verhältnisse offenlegen. Da dein Vater, infolge seines Hirnschlages, die entsprechenden

Dokumente nicht zusammenstellen konnte, musste sich Anwalt Fuchs die notwendigen Informationen auf dem Steueramt holen.

Es war an einem sonnigen Tag, als Anwalt Fuchs vom Kanton Zürich in den Aargau fuhr und vor dem Gemeindehaus seinen Oldtimer parkierte. Leider aber hatte er das Wichtigste für seine Arbeit auf dem Steueramt vergessen – seine Brille. So musste er buchstäblich alles mit der Nase lesen. Er tat mir leid – aber ich fragte ihn nicht, ob er seine Brille vergessen hatte. Es war ja offensichtlich. Die zuständige Mitarbeiterin vom Steueramt half ihm beim Kopieren der Dokumente. Dabei verzog sie keine Miene.

Immer wieder gab es Änderungen von Gerichtsterminen. Einmal sagte Anwalt Fuchs den Termin ab, wegen Überlastung – ein andermal war es wieder die Anwältin deiner Mutter, die die Termine wegen Krankheit oder Überlastung verschieben ließ. Auch der zuständige Richter war nicht immer verfügbar.

Als ich einmal selber beim Gericht anrief, weil mir alles zu langsam vor sich ging, petzte dies die Telefonistin Anwalt Fuchs. Dieser wurde fuchsteufelswild und warf mir vor, ich sei ihm in den Rücken gefallen. Das war nicht so schön. Bisher dachte ich, dass auf dem Gericht „Schweigepflicht" herrsche.

Eigentlich wollte ich schon länger einen anderen Anwalt für deinen Vater nehmen. Diese Meinung vertrat auch die damalige Beiständin deines Vaters. Er aber verteidigte seinen Anwalt und sprach mit etwas Stolz und belehrend: „Das ist mein Anwalt", und hoffte immer, dass der Spuk bald ein Ende hätte. Eine Änderung bedeutete für ihn wieder eine neue Belastung in seiner gesundheitlichen Angeschlagenheit. Erst als Anwalt Fuchs den letzten Scheidungstermin per E-Mail absagte – ohne jegliche Begründung oder Entschuldigung – drängte sich definitiv ein neuer Anwalt auf. Mit Müh und Not fand die Beiständin einen jungen Anwalt, der bereit war, deinen Vater in der letzten Scheidungsphase zu vertreten.

Anwalt Fuchs haben wir nie mehr gesehen und gesprochen. Ich erinnere mich, als Anwalt Fuchs einmal sagte: „Am Anfang sind alle nett." Darauf stieg in mir – schon damals – das ungute Gefühl auf, ob er wohl auch sich damit einbezog. Es gibt ja das Wort hinter dem Wort. Mit „Hochachtungsvoll" hat es in der Briefkorrespondenz angefangen. Am Schluss aber blieb kein Wort mehr übrig – auch eine unerfreuliche Geschichte.

Anwältin Brun

Anwältin Brun war es, die deine Mutter gegen deinen Vater verteidigte. Bis anhin hatte deine Mutter meist Anwälte aus Zürich, die ihr Bestes gaben, deiner Mutter bei ihren Verfehlungen aus der Patsche zu helfen. Jetzt aber war es eine Frau.

Einmal bin ich, zusammen mit deinem Papi, der Anwältin begegnet. Das geschah bei der Sache mit den Kleidern. Deine Eltern bekamen vom Gericht einen Termin, an dem deine Mutter all ihre Kleider und die deinen abholen durfte, nachdem das Wohnrecht der ehelichen Liegenschaft in einer ersten Instanz deinem Vater zugesprochen wurde. Aber, wie gewohnt, nahm es deine Mutter nicht so genau mit Anweisungen und holte lediglich einen Teil ihrer Kleider. Und von deinen Sachen hat sie gar nichts mitgenommen. Darauf folgte wieder ein Brief von der Anwältin Brun an das Bezirksgericht für einen neuen Abholtermin. Das Gericht aber empfand es nicht als seine Sache, nochmals einen Termin zu vereinbaren. Das heißt, es war nun eine Angelegenheit der beiden Parteien, dies neu zu regeln. Schlussendlich sah dies so aus, dass dein Vater und ich drei 60-Liter-Säcke, vollgestopft mit Kleidern, ins Büro der Opferanwältin bringen mussten. Wir hätten uns auch weigern können. Aber wir wollten nicht, dass deine Mutter nochmals in die Wohnung kommt und wir wieder den Bewachungs- und Sicherheitsdienst engagieren mussten. So schleppten wir die Säcke in den dritten Stock – vielleicht waren es auch vier Stockwerke, wo die Anwältin Brun ihr Büro hatte. Bei dieser Gelegenheit bin ich der Anwältin deiner Mutter kurz begegnet. Gemäß Anwalt Fuchs hätte ich sie nicht einmal ansehen dürfen! Immerhin haben dein Vater und ich, außer einem „Grüezi", das Redeverbot seines Anwaltes eingehalten, was ich zwar, als freiheitsliebender Mensch, völlig daneben fand. Offenbar hatte dies Anwältin Brun so gewünscht, denn sie brachte selber keinen Gruß über die Lippen.

Bei einer anderen Gelegenheit lernten wir die Indiskretion der Anwältin kennen. Offenbar wurde ein Besuchstag von dir bei deinem Papi vereinbart, von dem ich keine Ahnung hatte. Man erwartete deinen Vater um 13.00 Uhr. Es hätte der erste Besuchstag werden sollen. Wie wenig die Anwältin und deine Mutter von der Krankheit deines Vaters wussten oder sich interessierten, zeigte sich am Weg, der ihm damals zugemutet wurde. So sollte dich dein Vater in Leimbach, bei deiner Tante Raja, abholen. Das heißt, er hätte mit dem Bus, der Bahn und mit dem Tram nach Leimbach reisen müssen. Aber wie kann ein Hirngeschädigter, der sich immer noch im Aufbauprogramm befand, Fahrpläne lesen und die richtige Richtung einordnen? So konnte es ja nicht klappen. Aber – Anwältin Brun setzte sich an den PC, schrieb einen Brief und petzte dies dem Gerichtspräsidenten mit der Betonung, dass die Klägerin stets alles daran setze, sich ihrem Ehemann gegenüber kooperativ zu verhalten.

So wurde der zweite Anlauf deiner Besuchstage zum Ersten – zur Zeit der Badenfahrt. (Von diesem ersten Besuchstag habe ich dir ja bereits anfangs berichtet.) Von da an holten wir dich per Auto ab – und nicht erst um 13.00 Uhr, sondern um 10.30 Uhr, gemäß richterlicher Verfügung.

Deinem Vater fiel auf, dass die Anwältin deiner Mutter, im Gegensatz zu seinem Anwalt – jeweils „ohne Papier" an die Gerichtsverhandlungen kam.

Übrigens – „gepetzt" vor Gericht haben dein Vater und sein Anwalt auch einmal. Nämlich, als dein Vater beim Aufräumen, nachdem ihm bei der ersten Verfügung die eheliche Wohnung zugesprochen worden war, ein schwarzes T-Shirt mit der großen, weißen Aufschrift „POLIZEI" fand. Scheidungsanwältin Brun aber verteidigte ihre Klientin indem sie schrieb, dass man solche T-Shirts heute überall kaufen könne.

Besuchstage bei Papi

Liebe Samia, vom allerersten Besuchstag bei deinem Vater, davon habe ich dir anfangs schon erzählt. So unbeschwert und frei, wie damals an der Badenfahrt, waren die Besuchstage allerdings nicht immer. Dafür gab es, speziell während das Scheidungsverfahren noch lief, Spannungen und Konflikte, die es für alle Betroffenen auszuhalten galt.

„Aller Anfang ist schwer"

Zuallererst stellte sich die Frage an unsere Familie: Wer begleitet deinen Vater an deinen Besuchstagen? Ihn mit dir alleine zu lassen war undenkbar. Das erlaubte sein Gesundheitszustand nicht. Bis anhin hatte niemand von uns groß Kontakt mit dir – außer deine betagten Großeltern. Oftmals warst du mit deinem Papi, jeweils an Samstagen, auf Besuch bei ihnen. Da die ganze Situation sehr angespannt und schwierig war, suchten wir zuerst eine Lösung mit einer neutralen Person. Wir erkundigten uns auf dem Sozialamt. Der Beamte berechnete die Kosten und kam zum Ergebnis: Tausendzweihundert Franken würde ein Einsatz kosten, ohne Verpflegung und Fahrspesen! Zudem kam dazu, dass auch eine Begleitperson von außen nicht jeden zweiten Samstag zur Verfügung stehen würde. So kam es, dass deine Tante Alina und ich uns diese wichtige Aufgabe teilten, damit du und dein Vater sich sehen konnten. Nachdem deine Tante Alina durch einen Wohnungswechsel weiter weggezogen war, kam es, dass nur noch ich dich und deinen Vater an den Besuchstagen begleitete.

Wie bereits erwähnt, waren die Besuchstage für alle eine Herausforderung. So tat sich anfangs auch deine Mutter schwer damit. Einmal bekamen wir „Schimpfe" von deiner Mutter, nachdem sie von dir gehörte hatte, dass wir bei mir zu Hause – bei Kerzenlicht – das Abendbrot gegessen hatten. Sie rief mich umgehend an und befahl uns, dass wir dich weder zu mir nach Hause noch in eine Kirche mitnehmen dürfen. „Das kann sie nicht verbieten", sagte dein Vater aufgeregt und bestimmt. Sie konnte es auch nicht. Und ich erinnerte mich an den Text der Schweizer Landeshymne, der von „freien Schweizern" spricht.

Trotz allem. Deine Mutter hat, in Zusammenarbeit mit der Beiständin, doch auch zu konfliktfreien Besuchstagen beigetragen und ist über ihren Schatten gesprungen.

Eine Belastungsprobe aber gab es oftmals, wenn sich deine Eltern beim Abholen oder Zurückbringen begegneten. Dies geschah vor allem anfangs der Trennungsphase. Deine Mutter demütigte deinen Vater, indem sie ihm jeweils die Tür vor der Nase zuschlug. Dies verarbeitete dein Vater bei der Heimfahrt. Einmal weinte er sich die Demütigung von der Seele. Ein andermal beruhigte er sich selber, indem er meinte, dass Gott Fadila eines Tages bestrafen würde.

Weiter machte die neue Situation mit den Besuchstagen deinem Vater auf eine andere Art zu schaffen. Eines Tages fühlte er sich von deiner tunesischen Verwandtschaft bedroht, sodass wir, wenn wir dich abholten und wieder zurückbrachten, einen Sicherheitsdienst anstellen mussten, der uns begleitete. So saßest du jeweils zwischen deinem Papi und dem Sicherheitsbeamten. Und ich kam mir vor wie eine Taxifahrerin. Zum Glück hat sich mit der Zeit diese Unsicherheit bei deinem Vater wieder gelegt.

Oftmals waren die Besuchstage für ihn sehr anstrengend und erlaubten keine großen Sprünge. Dies war wiederum bedingt durch seine Hirnverletzung.

Gewisse Schwierigkeiten und Auseinandersetzungen hatte auch ich – nämlich mit deinem Vater. Manchmal kam er auf komische Ideen. Zu diesen gehörte, als er dir einmal das Dreiradvelo nach Leimbach mitbringen wollte, ohne dass dies gewünscht wurde. Ich war dagegen. Deine Mutter auch – und schmiss es ihm nach. Das war noch während des Scheidungsverfahrens. Ein andermal wollte er deiner Mutter unbedingt einen Werbeflyer eines Modegeschäftes aushändigen – ebenfalls noch während des Scheidungsverfahrens. Erst mit viel Redeaufwand konnte ich dies verhindern. Zu schaffen machte mir auch seine Passivität bei den Besuchstagen. Ich erwartete, dass er zumindest deinen Besuch vorbereitete, indem er zum Beispiel dein Lieblingsgetränk und sonst noch etwas zum Knabbern einkaufen würde. Aber das klappte nie – und ich gab es auf, dies von ihm zu fordern.

Gestört hatte ich mich auch an seinen verbrauchten und ausgefransten Jeans, die er jeweils an den Besuchstagen trug. Immerhin gab er mir in dieser Beziehung nach und zog eine sportliche dunkle Hose an – die sich dann als Besuchstags-Hose etablierte – für alle vier Jahreszeiten! Mühe hatte ich auch, wenn dein Papi morgens bereits schlecht gelaunt war, hauptsächlich, wenn er noch müde war. Gesagt hat er dann nicht viel, er wollte ja durchhalten, keine Schwäche zeigen. An einigen Tagen aber war da der sogenannte „böse Blick", den es dann fast den ganzen Tag auszuhalten galt. Dies wirst du wohl weniger oder kaum bemerkt haben.

Lernen musste ich weiter, dass ich den Verlauf des Besuchstages nicht einfach von mir aus bestimmen durfte, auch wenn dein Vater diesbezüglich selber keine Vorschläge brachte. Nur hie und da kam ein Kinovorschlag von ihm. Tatsache war – dein Vater wollte informiert sein. So schlug ich deinem Vater jeweils einen Tag vor dem Besuchstag meine Ideen vor, welche Aktivitäten wir möglicherweise unternehmen könnten, um dir einen schönen Tag zu bereiten. Kam es bei den Besuchstagen wegen den Aktivitäten trotzdem ab und zu zu Unstimmigkeiten, so besprach ich dies mit deinem Vater jeweils auf der Rückfahrt. Das musste sein. Zu diesem „musste sein" gehörte zum Beispiel, dass dein Papi dem McDonald den Vorrang vor irgendeinem anderen Restaurant geben musste – dir zuliebe.

Im Weiteren konnte keine Dankbarkeit erwartet werden. Alles wurde als selbstverständlich hingenommen. So ist es wohl mit einem hirnverletzten Menschenkind.

Natürlich waren die Besuchstage auch für dich mit Spannungen verbunden, denn du standest zwischen deinen Eltern. Auf der einen Seite solltest du für deine Mutter die „Verbündete" sein, auf der anderen Seite war da dein Vater, den du ja auch lieb hattest. Dies bekamen wir einmal besonders zu spüren, als du, nach einem friedlichen Besuchstag, und kurz bevor wir uns deinem neuen Wohnort näherten, angefangen hast, deinem Vater mit lauter weinerlicher Stimme Vorwürfe zu machen. Es ging um die Sache mit dem Pass, der Schriftensperre und um die von deiner Mutter gefälschten Visumsanträge, die schließlich dazu führten, dass deine Großeltern Mimi und Opi die Schweiz verlassen mussten. Wie ein Wasserfall sprudelte es aus dir heraus. Es lag auf der Hand: Du standest unter dem Druck deiner Familie, diese „Mission" zu erfüllen. Aber damit warst du mit noch nicht einmal fünf Jahren überfordert. Auch warst du überfordert, im Streit mit deinem Vater auseinander zu gehen. Noch am selben Abend musste deine Mutter dich mit deinem Vater telefonisch verbinden. Und dein Vater konnte dich beruhigen, trösten und wieder versöhnen.

„Sind wir jetzt im Aargau?"

Liebe Samia, nun will ich dir von ein paar Erlebnissen anlässlich der Besuchstage bei deinem Vater erzählen. An einige Erlebnisse magst du dich vielleicht noch erinnern – andere sind dir wohl in Vergessenheit geraten, besonders die, als du noch klein warst.

Die Autofahrt von Zürich in den Aargau dauerte jeweils eine gute halbe Stunde. Damit es dir auf der Fahrt nicht langweilig wurde und du auch von deinem Alltag Abstand bekamst, haben wir dir jeweils eine CD mit Märchen aufgelegt. Die Geschichten von „Lauras Stern" waren für dich der absolute Renner. Immer und immer wieder wolltest du diese Geschichten hören. Gespannt warst du auch auf die kleine Tasche. „Die blaue Tasche muss immer dabei sein!", sagtest du auch noch im Teenager-Alter. Die blaue Tasche war eine leichte Stofftasche mit vielen Fächern, gefüllt mit allerlei Leckereien und kleinen Überraschungen, wie spezielle Haarspangen, Kosmetikartikel oder einfach Dinge für die Schule. Also verwandelte sich die blaue Tasche für dich immer wieder zu einer Wundertüte.

Zu unserer großen Verwunderung hast du jeweils, auf der Fahrt von Zürich in den Aargau, ca. 4 km vor dem Ankunftsziel stets gefragt: „Sind wir jetzt im Aargau?" So war es denn auch. Und die meisten deiner Besuchstage haben auch im Aargau stattgefunden.

Vom Kinderzimmer

Damit du dich besonders wohl fühlst, wenn du jeweils nach Hause kommst, hat dir deine Tante Alina dein Kinderzimmer mit rosaroten Vorhängen und einem Himmelbett Vorhang, ebenfalls rosarot, neu ausgestattet. Besonders, wenn die Sonne an die Vorhänge schien, haben diese ein warmes und schönes Licht abgegeben. Mein Beitrag an dein Kinderzimmer war, dass ich die Buchstaben von deinem Namen besorgte und deine Zimmertür damit anschrieb. Jeder sollte es lesen: Es ist das Zimmer von Samia! Du warst noch nicht einmal im Kindergarten und bemerktest, dass ich den letzten Buchstaben verkehrt angeheftet hatte. Das hat dich ganz glücklich gemacht, dass du mich korrigieren konntest. Ja, die Kinderschriften sehen halt für uns Erwachsene manchmal anders aus.

Leider kam es nie dazu, dass du in deinem Kinderzimmer übernachten konntest, obwohl dies deine Besuchstage (Wochenende und Ferien) bei deinem Vater erlaubt hätten. Dein Vater wäre total überfordert gewesen. Trotzdem haben wir auch das Doppelbett vom Zimmer nebenan, also das Gästezimmer, mit einer neuen Matratze ausgestattet, sodass ich dort schlafen und mithelfen könnte, falls du doch an einem Wochenende bleiben würdest.

Stets hast du über dein Kinderzimmer gewacht, es genauestens inspiziert, bei deinen Besuchstagen! Einmal kamst du ganz aufgebracht aus deinem Schlafzimmer die Treppe hinunter und wolltest wissen, wer in deinem Zimmer war und in deinem Bett übernachtet hatte. Es brauchte einige Überzeugungsarbeit, dir zu erklären, dass niemand in deinem Zimmer war – außer – möglicherweise die Putzfrau, die bei der Reinigung etwas verstellt hatte.

Wie ein bissiges Hündchen

Einer der Ausflüge führte uns nach Murimoos. Dort hatte es einen Kinderspielplatz, wo du deinen Bewegungsdrang ausleben solltest. Aber ausgerechnet an diesem Tag hattest du keine Lust und setztest dich trotzig auf den steinigen Boden. Ich gab deinem Vater zu verstehen, dass es nun seine Aufgabe als Vater war, das Problem zu lösen. So machte er sich daran, dich aufzuheben. Aber auch dazu hattest du keine Lust. Alles Rufen und Zureden brachte nichts. Schließlich näherte ich mich dir mit einem Apfel. Ich kam mir vor, als hätte ich es mit einem bissigen Hündchen zu tun. Nur nicht zu nahe kommen! Zwar hast du den Apfel genommen und auch davon gegessen, aber deinen Sitzstreik hast du fortgesetzt. Endlich aber hast du dich eines Besseren besonnen, bist aufgestanden und hast dich, an der Hand deines Vaters, ins Selbstbedienungsrestaurant führen lassen, wo du dein Lieblingsessen und Getränk aussuchen konntest – als wäre nichts geschehen.

Ponygeflüster

Wie viele Mädchen, liebtest auch du die Pferde. In der Umgebung gab es einen Bauernhof, wo Kindern die Begegnung mit Pferden und Ponys angeboten wurde. So führten wir dich, so oft das Wetter es zuließ, dorthin. Da die Pferde doch etwas zu hoch für dich waren, hattest du dafür deinen Spaß am Ponyreiten. Viel Freude bereitete es dir auch, das weiße Pony zu bürsten, zu streicheln und mit ihm zu reden. Einige Grundkenntnisse über Pferde wurden dir beigebracht. Zum Beispiel, dass man sich den Pferden von vorne annähern muss, damit sie nicht erschrecken und ausschlagen.

Eroberungsversuch: Vordersitz

Während den Autofahrten saßen du und dein Papi immer auf den Rücksitzen. So war die Vorschrift. Also war ein Vordersitz stets leer. Plötzlich, es ging wie der Blitz, saßest du während der Fahrt neben mir. Vermutlich hast du gedacht, dass man die Landschaft vorne besser genießen kann. Aber Kinder gehören nun mal auf den Rücksitz. Dies war es nun auch, was wir dir beizubringen versuchten oder dich vielmehr daran erinnern mussten. Aber selbst eine mögliche Busse durch die Polizei beeindruckte dich nicht. So hielt ich bei einer gerade weniger belebten Tankstelle an. Alles Reden und Aufklären über Regeln nützte nichts. Also war Stillstand angesagt. Im Rückspiegel sah ich die ratlosen Augen deines Vaters. Plötzlich kam mir, im Zusammenhang mit deiner Mutter, in den Sinn, dass das Wort „Problem" ein Reizwort war. So fragte ich dich: „Hast du ein Problem?" Daraufhin antwortetest du ganz empört: „Ich habe kein Problem!" Und schnell warst du wieder auf dem Rücksitz bei Papi. Und die Fahrt konnte fortgesetzt werden.

Tränen um McDonald

Wie viele Kinder liebtest auch du das Essen im McDonald. Einmal aber hatte ich den McDonald auf der Rückfahrt nach Zürich verpasst. Und es war zu spät, umzukehren. Denn wir mussten dich ja zu einem vorgeschriebenen Zeitpunkt wieder deiner Mutter zurückbringen. Damit du doch noch etwas zu Essen bekamst, und auch dein Papi, hielt ich an einer Imbissecke an, die von arabischen Frauen geführt wurde – nur wenige hundert Meter von deinem Zuhause. Glück! Diesen Imbissstand kannte ich vorher nicht. Aber du weigertest dich vehement, etwas anderes zu essen als einen Burger vom McDonald. So wurden wir von dir mit Trotz und Tränen und lauten Vorwürfen überhäuft. Selbst eine Vertröstung, den McDonald bei deinem nächsten Besuch nachzuholen, war erfolglos. Die Tränen flossen weiter. Erst als ich dir explizit meinen Fehler vom verpassten McDonald eingestand, mich entschuldigte, hörte dein Weinen blitzartig auf, und wir genossen schließlich doch noch das arabische Essen – im Auto – und erst noch friedlich.

Rechenstunde mit Papi

Normalerweise testen Eltern die Kinder im Rechnen. Aber einmal wolltest du von deinem Vater wissen, ob er, nach dem zweiten Hirnschlag, noch rechnen kann. Wir saßen im Terrassenrestaurant des Kaufhauses Manor. Die Sonne schien und die Wärme wurde durch einen leichten Wind abgeschwächt. Dann fragtest du deinen Vater: „Wie viel gibt zwanzig weniger vier?" Nach einer Weile kam die zögernde und nicht erwartete Antwort: „Achtzehn." Liebe Samia, man hätte dich filmen sollen. Deine erschrockenen Augen, das Stirnrunzeln und das Loslassen deines Trinkhalmes. „Sechzehn", korrigiertest du leise deinen Vater. Er schaute auf seinen Kaffee, wiederholte die korrigierte Zahl. Dann noch ein Versuch. Diesmal schrieb dein Vater die Zahlen auf das Serviettenpapier und fand die richtige Antwort. Mit diesem positiven Resultat war die Rechenstunde zu Ende.

Liebeserklärung

Dein Vater schaute fern, und du beschäftigtest dich mit einem Mandala. Plötzlich wiederholtest du immer wieder die Worte: „Ich liebe ihn, ich liebe ihn." Gemeint war dein Papi. Nach einiger Zeit drehte dein Vater seinen Kopf zu dir, um zu hören, was du zu erzählen hast – halb sprechend, halb singend. Er verstand deine Worte nicht, schaute kurz mich an, als erwarte er eine Erklärung von mir, wandte sich dann aber wieder dem Fernseher zu. Auf der Rückfahrt von Zürich in den Aargau erinnerte ich ihn an die verpasste Liebeserklärung. Er lächelte.

Ein Doppelbett bitte

Nur einmal kam es vor, dass du an einem deiner Besuche über das Wochenende geblieben bist. Wir kauften ein zusammenklappbares Bett mit allem Drum und Dran – inklusive einem Kuscheltier. Dein Wochenende mit deinem Papi fand bei mir zu Hause statt. Wir hatten vorgängig dein Bett in mein Büro gestellt – mit Blickkontakt zum Gästebett im Nebenzimmer, wo dein Papi schlafen sollte. Aber als du diese Anordnung sahst, kam dein großer Protest. Du wolltest unbedingt ganz nahe neben deinem Papi schlafen. Ob wir denn kein Doppelbett hätten, fragtest du enttäuscht und mit traurigem Gesicht. Umstellung war angesagt! Aufs Genaueste beobachtetest du die Anpassung – jeder Zentimeter näher am Bett von deinem Papi war dir wichtig. In der Nacht hast du trotzdem versucht, ins Bett von deinem Papi zu schlüpfen. Aber dann war es doch zu eng, erinnerte sich am nächsten Morgen dein Papi.

Drei Eier im Kuchen

Es kam eine Zeit, wo du jeweils beim Kochen mitgeholfen hast. Besonders deine Chipolata-Würstchen hast du gerne in der Pfanne gebraten, gedreht und anschließend – fast alle selber aufgegessen. Am Anfang benötigtest du dazu noch einen Tritthocker. Tomatenspaghetti, Chipolata-Würste, Spiegelei und Salat, das war jahrelang das Lieblingsmenü von dir und deinem Papi.

Dann hast du auch das Backen entdeckt und jeweils mit Stolz einen selbstgebackenen Kuchen nach Hause mitgenommen. Einmal hat dies offenbar deinen Vater gestört. Nicht dass er das Gebäck selber essen wollte, denn das erlaubte sein Diabetes ja nicht. Ich habe ihm gesagt, dass wir seiner Exfrau doch – trotz allem – die drei Eier im Kuchen, von glücklichen Hühnern, gönnen. Dabei musste dein Vater herzhaft lachen – seit langem wieder einmal.

Schwimmbad

Bei schönem Wetter bestimmte das Schwimmbad den Tag. Während du dich als regelrechte „Wasserratte" entwickelt hattest, waren wir – dein Vater und ich – eher wasserscheu. Man kann sagen ziemlich wasserscheu. Natürlich schickte ich deinen Vater vor, denn schließlich sollte er seinen Vaterpflichten nachkommen. Immer wieder hatten wir einen Kampf – wer geht mit dir ins Wasser. Da sich dein Vater entschieden weigerte, seine Badehose nass zu machen, war ich froh, wenn es an deinem Besuchstag jeweils regnete und wir das Schwimmbad umgehen konnten. Und es regnete oft!

Scheidungskinder

Wir waren bei deinem Papi zu Hause. Einmal mehr beschäftigtest du dich mit einer Zeichnung. Die Scheidung war bereits seit Monaten vollzogen worden. Da sagtest du plötzlich zu mir – ohne den Blick von deiner Zeichnung zu lassen: „Weißt du, Scheidungskinder haben es schwer. Du hast keine Ahnung." Ich stutzte einen Moment und war von dieser Aussage überrascht. Dann aber musste ich dir Recht geben. Eine solche Erfahrung hatte ich nicht. Ja, Samia, Scheidungskinder haben es schwer.

Mit Freundin

An einem deiner Besuchstage bei deinem Papi durftest du deine Schulfreundin mitnehmen.

Als wir dich an jenem Samstag abholten, wartetest du bereits mit deiner Freundin vor der Haustür. Deine Freundin, ausgerüstet mit dem obligatorischen Kindersitz, lächelte uns scheu zu. Zu viert ging die Fahrt zuerst in den Aargau, wo du deiner Freundin dein zu Hause bei Papi zeigen konntest. Während ihr in deinem Zimmer spieltet, saßen dein Vater und ich in der Stube. Ab und zu hörten wir euch kichern.

An diesem Tag – ausgerechnet an diesem Tag – war dein Vater leider nicht gut drauf. Immer wieder schaute er mich griesgrämig an – sprach kein Wort. Etwas lag in der Luft.

Nachdem du und deine Freundin aufgehört hattet mit Spielen, kamt ihr die Treppe hinunter gerannt mit dem Wunsch, noch zu mir nach Hause zu gehen. Du wolltest deiner Freundin unbedingt zeigen, wo du sonst noch deine Besuchstage verbringst. Ich war sofort einverstanden. Dies kam aber an diesem Tag bei deinem Vater nicht gut an. Er stand auf, lief vor uns aufgeregt auf und ab und machte mir Vorwürfe, ich mische mich überall in seine Angelegenheiten ein. Seine Aufregung dauerte. Ich schämte mich für sein Benehmen vor euch Kindern. Aber das störte euch Mädchen weniger. Hauptsache euer Wunsch würde erfüllt werden. Schließlich schlug ich deinem Vater vor, dass er zu Hause bleiben und sich ausruhen solle, während ich mit euch zu mir nach Hause fahre. Zum Nachtessen würden wir uns dann alle wieder treffen. Das aber wollte er auch nicht.

Nachdem er sich wieder gefasst hatte, kam er schließlich mit und der Besuchstag, mit euch zwei Mädchen, verlief zum Glück wieder friedlich.

Weniger friedlich jedoch war die Rückfahrt. Nun machte ich meinem Ärger über das Verhalten meines Bruders vor euch Kindern Luft: „Das hat Konsequenzen", erklärte ich ihm, nachdem er mir vorgeworfen hatte, dass ich mich zu sehr in seine Angelegenheiten einmische. So organisierte ich für den Haushalt und die Wäsche deines Vaters eine Frau einer sozialen Organisation und für seine Buchhaltung einen Treuhänder. Nur für das „Ämtli" deiner Besuchstage gab es keine andere Lösung. Das wollte ich auch nicht wirklich. Denn inzwischen freute auch ich mich auf dich und deine Besuchstage. Und auch der weitere Kontakt mit deinem Vater war mir wichtig.

Verkäuferlis

Viel Spaß hattest du, als wir jeweils „Verkäuferlis" spielten. Du bautest dir einen Lebensmittelladen auf mit allerlei „Kaufladen-Miniaturen". Meine Rolle war, die Kundschaft zu spielen: Ein älteres Mütterchen, das mit dem Einkaufen nicht mehr zurecht kam; ein gehetzter Geschäftsmann, der nach der Arbeit noch die vergessene Milch seiner Frau holen musste; Jugendliche, die versuchten, dich zu bestehlen usw. Und immer klingelte die Kasse, nachdem du alle Einkäufe der Kundschaft, mit stirnrunzelnder Konzentration zusammengezählt hattest.

Wettiger Fäscht

Willkommene Anlässe deiner Besuchstage waren jeweils die verschiedenen Chilbi-Veranstaltungen. Dazu gehörte auch das „Wettiger Fäscht".

Weniger erfreut hingegen war ich. Schuld daran waren jeweils die speziell verrückten Chilbibahnen. Dein Vater liebte diese Bahnen, die sich wie wild im Kreise drehten mit ruckartigen Auf- und Abbewegungen, die die Festbesucher durch die Luft schleudern ließen. Die Chilbibesucher mussten sich entsprechend fest anschnallen. Da ich befürchtete, dass dein Vater, wegen seiner Hirnverletzung, das Anschnallen nicht richtig schaffte, sprach ich mit einem der Männer von der Chilbibahn. Ich erklärte ihm, dass er die Halterung bei deinem Vater checken soll. Dieser aber schaute mich nur ratlos und gestresst an. So beobachtete ich jedes Mal mit großer Anspannung das Geschehen und ob die Bahn auch deinen Vater festhielt. Du hingegen wartetest ungeduldig, bis du wieder mit Papi auf die Auto-Putschi-Bahn gehen konntest. Denn für die wilden Bahnen warst du noch zu klein.

„Er war auch mein Großvater"

An einem deiner Besuchstage mussten wir dir sagen, dass dein Großvater verstorben war. Das machte dich sehr traurig. Vorwurfsvoll antwortetest du, warum du nicht zur Beerdigung kommen durftest. Zu dieser Zeit lief immer noch das belastende Scheidungsverfahren. Darum wollte das dein Vater nicht. Deine Mutter ist zwar über den Tod deines Großvaters informiert gewesen, da wir deswegen einen deiner Besuchstage absagen mussten. Offenbar hat sie dir auch nichts vom Hinschied deines Großvaters erzählt. Vielleicht wollte sie dich damit einfach nicht belasten.

Damit sich deine Traurigkeit etwas legte, schlugen wir dir vor, gemeinsam zum Friedhof zu gehen – zum Grab deines Großvaters. Der Vorschlag gefiel dir und deine Traurigkeit wich etwas von deinem Gesicht. Zuerst gingen wir in den Blumenladen, wo du etwas aussuchen durftest, um es auf das Grab zu legen. Du wähltest ein Kätzchen aus Ton, auf dessen Rücken eine pinkfarbene Blume eingepflanzt war – verziert mit ebenso pinkfarbenen Federn. Sorgfältig – fast andächtig trugst du das Gesteck zum Friedhof und suchtest auf dem Grab den geeigneten Platz, wo dein Gruß gut zur Geltung kam.

Auf dem Rückweg holte dich die Traurigkeit wieder ein und leise war auch der Vorwurf in deinen Worten zu hören, weil man dich nicht an der Beerdigung teilnehmen ließ: „Er war auch *mein* Großvater."

Der zweite Schlaganfall

Liebe Samia. Manche Schlaganfälle, bevor sie geschehen, machen sich mit bestimmten Vorzeichen bemerkbar. So war es beim ersten Schlaganfall deines Vaters. Du erinnerst dich, wie ich dir bereits erzählt habe, wie er es beim Mittagessen vermied zu sprechen oder wie seine Sekretärin damals immer wieder Aussetzer bei deinem Vater bemerkte. Und nicht zuletzt, wie selbst dein Vater nicht einordnen konnte, was mit ihm geschah – alles verdrängte, nicht wahrhaben wollte oder konnte.

Dann gibt es auch Schlaganfälle, die unverhofft, ohne bemerkbare Vorzeichen, geschehen. Ob es beim zweiten Schlaganfall deines Vaters doch Vorzeichen gab, wissen wir nicht. Wir wissen nur – die zweite Hirnblutung kam völlig überraschend.

Zwischenbericht: Hausratsaufteilung

Was wir zu diesem Zeitpunkt auch wussten war, dass der mühsame Scheidungsprozess noch immer im Gang war. Während sich diesbezüglich über Monate fast nichts mehr bewegte, wurde den Zwängereien deiner Mutter für eine erste Aufteilung des Mobiliars nachgegeben. Mit Mobiliar sind hier Haushaltsachen gemeint. So stapelte dein Vater die gewünschten Gegenstände, gemäß einer Liste deiner Mutter, alle selbständig in der Garage auf: Bilder, Pfannen, Friteusen, Wärmeplatten, Decken Matratzen, viel Kleinzeug wie Vasen, Souvenirs etc. Dazu kamen Gegenstände, die offenbar deiner Tante Raja gehörten. Und auf deinen Wunsch hin, stand auch dein Kinderwagen auf der Liste.

Fünf Tage vor dem Abholtermin der gewünschten Gegenstände erlitt dein Vater den zweiten Schlaganfall. Jetzt schien die Hausratsaufteilung ins Stocken zu geraten. Wir schlugen deiner Mutter vor, dass sie die Sachen trotzdem abholen könne. Dein Onkel Oliver würde da sein. Aber – geradezu hysterisch weigerte sich anfangs deine Mutter, ohne Anwesenheit deines Vaters, die Sachen abzuholen. Zudem kenne sie keinen Oliver – er war ja „nur" der Trauzeuge an ihrer Hochzeit... Telefonate gingen hin und her. Dann aber musste sie sich mit ihren Leuten besprochen haben und lenkte schlussendlich ein. Ein neuer Termin hätte sich ohnehin über Monate hingezogen. Somit übernahm die Abnahme dein Onkel Oliver, mit Unterstützung seines Bruders Florian.

Deine Mutter kam mit einigen Freunden. Hastig packte sie all die Ware ins Transportauto. Gewundert haben sich deine beiden Onkel darüber, dass sie selbst die schmutzigen und zerrissenen Matratzen haben wollte und diese ins Auto wurstelte. Einer ihrer Freunde wunderte sich auch und schüttelte den Kopf. So schilderten deine beiden Onkel das Geschehen.

Als dein Vater nach mehreren Wochen wieder nach Hause kam, fehlte ein Pfannenset. Da er nicht wusste, welches Pfannenset deine Mutter wünschte, hatte er beide Pfannensets in die Garage gestellt. Deine Mutter sollte wählen, welches von beiden sie bevorzuge. Deine Mutter wählte beide! Darüber hat sich dann dein Vater echt geärgert. Aber es gab immer noch Pfannen im Haus. Erst viel später, als dein Vater gelernt hatte, selber zu kochen, ergänzte er die fehlenden Bratpfannen.

Kurz vor dem eigentlichen Scheidungstermin verlangte deine Mutter noch mehr Pfannen. Aber dazu war es bereits zu spät.

Viele Dinge blieben im Haushalt zurück, die, wie deine Mutter sagte, ihr auch noch gehören. Dazu zählt ein versilbertes Kaffeeset auf einem der Küchenregale. Da mich die Befürchtung nicht los ließ, deine Mutter könnte – ohne richterliche Erlaubnis – noch weitere Sachen abholen, wurde das Kaffeeset für mich sozusagen zum Kontrollpunkt.

Heute steht das Kaffeeset immer noch am gleichen Ort. Viele Sachen, die deine Mutter damals zu spät einforderte, lagern bis heute ungenutzt in den Küchenregalen und Schränken.

Der zweite Schlaganfall und seine Zeit

Niemand hatte etwas Besonderes oder eine Veränderung bei deinem Vater bemerkt. Das Einzige, was wir wussten, ist, dass er nach dem ersten Schlaganfall mehr Schlaf brauchte als vorher. So verließ er die familiäre Weihnachtsfeier viel früher als erwartet, was, trotz seiner Krankheit, auf ein gewisses Unverständnis seitens der Familie stieß. Vierzehn Tage später ereignete sich die zweite Hirnblutung.

Es geschah an einem Dienstag, in der ersten Januarwoche am späteren Nachmittag, fünf Jahre nach dem ersten Schlaganfall. Dein Vater ging wie gewohnt im Denner einkaufen. Als er zur Kasse kam und bezahlen wollte, ging plötzlich nichts mehr. Die Kassiererin merkte, dass etwas mit deinem Vater nicht stimmte und rief die Polizei um Hilfe. Innert kurzer Zeit war diese vor Ort. Einer der Polizisten kannte deine Tante Petra, erreichte sie per Telefon und sie brachte deinen Vater umgehend in die Notaufnahme.

Dann rief Petra mich an, erzählte, was geschehen war und dass alles auf einen erneuten Schlaganfall hinwies. Als ich bald darauf in der Notfallstation ankam, saß dein Vater auf dem Bettrand und war ansprechbar. Vielleicht ist es nicht so schlimm, dachte ich. Aber es war schlimm. Der Verdacht hatte sich erhärtet – es war ein zweiter Schlaganfall. Die medizinischen Abklärungen bestätigten dies.

Das war ein harter Rückschlag! Das Jahr hat doch erst begonnen und jetzt dies – schon wieder. Und das Scheidungsverfahren war auch noch hängig. Was für eine unruhige Zeit!

Äußerlich merkte man deinem Vater die Hirnblutung nicht an. Er hatte keine Lähmungserscheinungen. Und doch war er da – dieser Schlag. Während es beim ersten Schlaganfall das Sprachzentrum traf, wurde diesmal das Zahlenzentrum im Gehirn in Mitleidenschaft gezogen. Das war eine erneute und dramatische Herausforderung für deinen Vater. Er, der es nach dem ersten Schlaganfall wieder geschafft hatte, seine Buchhaltung auf dem PC zu führen – das ging jetzt nicht mehr. Einmal mehr war er auf fremde Hilfe angewiesen.

Ein weiterer Prüfstein war der erneute monatelange Aufenthalt in der Rehaklinik. Als ich ihn gleich am ersten Abend besuchte, lag er schon im Bett, lediglich bekleidet mit der Unterwäsche. Er wollte einfach seine Ruhe haben. Dann kam die Krankenschwester zu mir, ganz nahe zu meinem Gesicht und sagte in sehr ernsthaftem Ton und nicht wenig verärgert: „Er will nicht duschen!" Ich erklärte ihr, dass er normalerweise gerne dusche, aber für heute solle man es bleiben lassen. Sie lenkte ein. Als ich kurze Zeit danach das Krankenzimmer verließ, hatte sich dein Vater im Bett bereits weggedreht und war eingeschlafen.

In den folgenden Monaten begann das ganze Reha-Programm wieder von vorne: All die Therapien, Sitzungen mit Ärzten und Sozialarbeitern, das lange Fortsein von zu Hause – dann wieder die Tagesklinik. Und einmal mehr stand die spannungsgeladene Frage im Raum: Wie geht es weiter? Ginge es nach dem Sozialdienst, hätten wir für deinen Vater einen Heimplatz suchen sollen. Denn da war ja noch der lebensbedrohliche Diabetes! Ohne die Zahlen lesen und einordnen zu können, konnte sich dein Vater auch nicht mehr ohne fremde Hilfe die richtige Menge Insulin spritzen. Trotzdem – ein Pflege- oder Altersheim kam nicht in Frage. Das Zauberwort dagegen war einmal mehr der Name „Spitex", die spitalexterne Pflege.

Endlich wieder zu Hause, kam die Spitex drei- bis viermal täglich. Am ersten Abend kam eine der Pflegefachfrauen, die deinen Vater bereits vor fünf Jahren beim Insulinspritzen unterstützt hatte. Als sie wieder zur Tür hinausging, schaute sie nochmals zurück – und ich sah ihre tränengefüllten Augen.

Eine traurige Zeit folgte auch für dich, liebe Samia. Wieder über drei Monate konntest du deinen Vater nicht sehen. Noch immer lief das sehr belastende Scheidungsverfahren. Oftmals dachte ich daran, deine Mutter zu fragen, ob ich dich zu einem Besuch bei deinem Vater in der Rehaklinik mitnehmen dürfte. Aber die ganze Situation war einfach zu angespannt und unschön.

Doch eines Tages lag ein Brieflein von dir im Postfach von deinem Papi mit Gute-Besserungs-Wünschen. Inzwischen kanntest du bereits die Buchstaben und hast ihm mit wenigen Worten und mit vielen gezeichneten Herzchen geschrieben. Bei der Postanschrift hat dich deine Mutter unterstützt. Und so begann eine gegenseitige Liebeskorrespondenz zwischen dir und deinem Papi während seines Aufenthaltes in der Rehaklinik. Die lange Wartezeit bis zum Wiedersehen wurde dadurch etwas erleichtert. Natürlich konnte dein Vater nicht selber schreiben und die Worte formulieren. Nur seine Unterschrift „Papi", die er jedes Mal auf einem Zettel oder auf einer Papierserviette mehrmals üben musste, war „original".

Eine Mitpatientin wusste von dir. Dein Vater hat ihr von dir erzählt. So hat sie ihm für dich selbstgemachte Freundschaftsbänder gegeben, damit er dir diese senden kann. Immer haben wir darauf geachtet, dass die Briefe oder die kleinen Pakete eine Überraschung für dich enthielten.

Dann kam endlich die Zeit, wo wir dir schreiben konnten, dass dein Vater bald wieder nach Hause durfte. Eine Woche zuvor überraschte mich deine Mutter mit einem Telefonanruf. Sie wisse bald nicht mehr, was sie ihrer Tochter sagen soll. Denn du wolltest nun unbedingt zu deinem Papi. Zum Glück musstest du nur noch ein paar Tage warten. An einem Freitag wurde dein Vater aus der Rehaklinik entlassen und gleich am Samstag konntet ihr euch wiedersehen.

Deine herzvollen Briefe wollte ich für deinen Vater in einem Bilderrahmen festhalten – zur Erinnerung. Aber als ich deinen Vater von der Rehaklinik nach Hause holte, waren sie nicht mehr da – einfach unauffindbar!? Die Schlussfolgerung deines Vaters war: „Die Putzfrau ist schuld."

Übrigens zum Thema „Putzen". Die Klinikaufenthalte deines Vaters gaben uns, deinen Tanten, jeweils die Gelegenheit, das aufzuräumen, was bei der Putzfrau gewöhnlich liegenblieb – oder einfach nicht zu ihrer Vertragsvereinbarung gehörte. Dazu zählten zum Beispiel Esswaren und Getränke auf die Ablaufdaten zu überprüfen und zu entsorgen. Oder hie und da eine Schublade zu reinigen sowie den Kühlschrank.

Da war aber auch ein gewisser Wäschekorb – seit Jahren – unverrückt an seinem Ort. Auf diesem türmten sich bunte Badetücher und Frottierwäsche, so hoch wie der Wäschekorb selbst. Als ich einmal in die Wohnung von deinem Vater musste, um ihm ein weiteres Pyjama ins Spital zu bringen (diesmal war er wegen Unterzuckerung im Spital), beschäftigte ich mich mit dem „standhaften" Wäschekorb. Schon lange war er mir ein Dorn im Auge. Aber, wenn ich in Anwesenheit deines Vaters aufräumte, wurde er nervös. Jetzt aber war die Gelegenheit, die aufgetürmte Wäsche abzutragen und fein säuberlich im Schlafzimmerschrank zu versorgen. Nach diesem ersten Schritt ging es nun zum Inhalt des Wäschekorbes. Da waren: Ein Slip, ein Höschen, irgendwelche Tücher oder Putzlappen – und eine gebrauchte und ausgetrocknete Babywindel!

Liebe Samia. Mehrere Monate nach dem zweiten Schlaganfall konnte dein Vater wieder seinem gewohnten Tagesablauf nachgehen. Leichter wurde sein Leben nicht – dafür aber doch neu gefüllt mit Dankbarkeit. Dankbar, wieder dabei zu sein. In dieser Zeit wuchs bei deinem Vater immer mehr das Bewusstsein, nun zu den Kranken und Zerbrechlichen dieser Welt zu gehören. Und bis heute überholen sich gegenseitig immer wieder die Worte: Abschied und Neuanfang.

Vom Scheidungsweg

Liebe Samia, fast vier Jahre hat der Scheidungsweg deiner Eltern gedauert. Vom Gericht haben deine Eltern zwei neue Namen bekommen. Dein Vater, der die Scheidung eingereicht hatte, wurde zum „Kläger", deine Mutter zur „Beklagten". In beiden Namen steckt das Wort „Klage". Und dazwischen warst du, damals ein kleines Mädchen, das die Trennung seiner Eltern nicht verstand und getrauert hat.

Bei einer Scheidung müssen sich Eheleute auf Vorladungen, Hauptverhandlungen, Verfügungen, Urteile und Erwägungen durch das Gericht einstellen. Im Weiteren geht es bei einer Scheidung vor allem um vier Hauptanliegen: Wohnsituation, Sorgerecht, Unterhaltszahlungen, Gütertrennung (Hausrat / Mobiliar).

Bei den Vorladungen und Gerichtsterminen zog dein Vater jeweils seinen Hochzeitsanzug an, der ihm inzwischen viel zu groß geworden war. Nach dem zweiten Schlaganfall konnte dein Vater nicht mehr an den Verhandlungen teilnehmen. Seine angeschlagene Gesundheit ließ dies nicht zu. So musste er sich auch bei der letzten Hauptverhandlung von seinem Anwalt vertreten lassen.

Einiges vom schwierigen Scheidungsweg deiner Eltern hast du in den vorigen Ausführungen bereits mitbekommen. Im Folgenden werde ich dir von den vier oben erwähnten Hauptpunkten kurz berichten, die beim letzten Gerichtstermin definitiv festgelegt wurden.

Wohnsituation

Wer darf in der ehelichen Wohnung bleiben und wer muss ausziehen? Diese Frage war ein besonders wunder Punkt während der Trennungsphase deiner Eltern. Deine Mutter wie auch dein Vater beanspruchten die Liegenschaft. Deine Mutter hatte dich bereits am alten Wohnort im Kindergarten angemeldet – und auf der anderen Seite war da dein kranker Vater. Schließlich erschien es dem Gericht gerechtfertigt – in einer „vorläufigen Verfügung" – die Wohnung für die Prozessdauer deinem Vater zuzuweisen. Das hieß, dass sich die „vorläufige Verfügung" noch ändern könnte – zugunsten deiner Mutter. Das war eine enorme Belastung und spannungsgeladene Zeit während des ganzen Scheidungsverfahrens.

Die letzte Hauptverhandlung brachte schließlich die erlösende Antwort: Deinem Vater konnte – bedingt durch seine Krankheit, ein neuer Lebensmittelpunkt nicht zugemutet werden. Das bestätigte auch das entsprechende Arztzeugnis. Da sich der Gesundheitszustand deines Vaters während des Scheidungsverfahrens nicht verbesserte, ein Wohnungswechsel für ihn entsprechende negative medizinische Konsequenzen zur Folge gehabt hätte, wurde schlussendlich ihm die eheliche Wohnung definitiv und zur alleinigen Benutzung zugewiesen.

Hingegen konnte von deiner Mutter erwartet werden, notfalls mit Hilfe des Sozialamtes, eine Wohnung in der Umgebung zu finden. Wie du weißt, zog es deine Mutter vor, nicht mehr in den Aargau zurückzukehren und im Kanton Zürich zu bleiben, wo ihr euch, während des Scheidungsprozesses, bereits eingelebt hattet.

Gütertrennung (Hausrat / Mobiliar)

Das meiste Mobiliar hatte dein Vater in die Ehe eingebracht. Die wenigen neuen Möbel, die während der Ehe angeschafft wurden, unterlagen der Abschreibung. Einige hundert Franken blieben noch übrig im Wert eines Flugtickets für dich nach Tunesien, so deine Mutter. Der Anwalt deines Vaters aber setzte sich durch, er machte deiner Mutter klar, dass sie diesen Batzen einfach vergessen soll. So war es denn auch.

Für erneute Unruhe jedoch sorgte der Wand-Fernseher im Gästezimmer. Damit mussten sich einmal mehr die Anwälte, Beistände und neu einige Angestellte der Firma Fust auseinandersetzen. Wieder gingen Telefonate hin und her. Die Vorgeschichte war diese:

Noch während dein Vater mit dem ersten Schlaganfall im Spitalbett lag, informierte ihn deine Mutter, dass sie im Gästezimmer einen Wand-Fernseher einrichten wolle. Dein Vater bat sie, damit zu warten, bis er wieder nach Hause käme. Aber so lange wollte deine Mutter nicht warten. Sie schloss mit der Firma Fust einen Mietvertrag ab, bestellte den Elektriker, der die entsprechenden Leitungen zog und ließ das TV-Gerät an die Wand montieren. Die erste Miete bezahlte deine Mutter, alle anderen fälligen Mietrechnungen landeten auf dem Bürotisch deines Vaters – sowie selbstverständlich auch die Rechnung des Elektrikers.

Bei der Gütertrennung beanspruchte deine Mutter nun diesen Fernseher. Alle damit verbundenen Kosten sollten zu Lasten von deinem Vater gehen. Der Haken bei dieser Sache aber war, dass der Mietvertrag auf den Namen deiner Mutter lautete. Somit waren deinem Vater die Hände gebunden, irgendetwas mit dem TV-Gerät zu unternehmen. Schließlich konnten die Angestellten der Firma Fust deine Mutter überzeugen, dass sie für diese Angelegenheit alleine verantwortlich sei. So kamen eines Tages zwei Leute von der Firma Fust, demontierten das Gerät mit all den Kabeln und Zubehör – und nahmen den Fernseher mit. Zurück blieben die Spuren der Aufhängevorrichtung – die Löcher in der Wand.

Zum Hausrat und Mobiliar gehören auch persönliche Sachen, wie du bereits weißt. Vom Abholen des Hausrates – und vom deinem Kinderzimmer, das früher ein Gästezimmer war – davon habe ich dir bereits erzählt. Ebenfalls weißt du schon, dass dein Vater und ich mehrere Säcke Kleider ins Büro der Anwältin Brun brachten. Vor diesen Begebenheiten gab es einen Tag, an dem deine Mutter ihre Kleider in der ehelichen Wohnung persönlich abholen konnte.

Vor dem vereinbarten Termin ließ dein Vater zwei Leute vom Sicherheitsdienst organisieren, um eventuellen Emotionen präventiv vorzubeugen. Deine Mutter kam mit zwei Freundinnen und einem Koffer, gefüllt mit Packmaterial. Einer der schwarz gekleideten

Männer vom Sicherheitsdienst begleitete deine Mutter alleine in die Wohnung, der andere blieb draußen – zwischen den beiden Freundinnen und mir. Die Freundinnen durften nicht ins Haus. Wo dein Vater sich genau aufhielt, weiß ich nicht mehr. Nach einiger Zeit kam deine Mutter aus der ehelichen Wohnung. Sie zog den braunen Radkoffer hinter sich her, der auf dem unebenen Gehweg immer wieder zu kippen drohte. In diesem Moment sah ich auch die Tragödie im Lebenslauf deiner Mutter.

Sorgerecht / Besuchs- und Ferienrecht

Liebe Samia, beide Elternteile beantragten das Sorgerecht für dich. Der Anwalt deines Vaters aber räumte deinem Vater von Anfang an geringe Chancen ein. Hätte dein Vater damals auf seinen Anwalt gehört, wären ihm und allen Beteiligten viel Aufwand und Stress erspart geblieben. So aber gab es weitere Sitzungen mit dem Anwalt, Gespräche mit Behörden, Protokolle und das bange Warten auf den definitiven Gerichtsentscheid.

An den Heimbesuch der Behörde erinnere ich mich noch gut. „Gib ihnen wenigstens ein Glas Wasser zu trinken", ermahnte ich deinen Vater. (Bis anhin bekam nur die Putzfrau einen Kaffee!) Er besorgte das Mineralwasser und die Behörde kam – ein Mann und eine Frau. Dein Vater erzählte, dass sie zwei Stunden geblieben waren. Und ich wunderte mich, wie man sich so lange mit jemandem unterhalten kann, der kaum sprechen kann.

Und doch – das entsprechende Protokoll der Behörde beeinflusste den Gerichtsentscheid betreffend das Sorgerecht. In erster und letzter Instanz entschied das Gericht, dass du unter die Obhut deiner Mutter gehörst. Diese richterliche Verfügung basierte in erster Linie auf die gesundheitlichen Einschränkungen deines Vaters. Speziell auf seine sprachlichen Defizite wurde eingegangen. So hätte er dich bei deinen Schularbeiten kaum unterstützen können. Zudem: Da das Gericht großen Wert auf die persönliche Betreuung des entsprechenden Elternteils legte, sah das Gericht dies besser bei deiner Mutter gewährleistet als bei deinem Vater. Sie konnte die stabileren Verhältnisse vorweisen.

Dass dein Vater mit dem Sorgerecht überfordert gewesen wäre, zeigte sich ja schnell bei deinen Besuchstagen. Seine Betreuungsunfähigkeit hast du selber erlebt. Aber das Gericht hat deinem Vater doch das praxisübliche Besuchsrecht eingeräumt.

Zum praxisüblichen Besuchsrecht gehören:

- Zwei Wochenenden pro Monat
- Die christlichen Festtage: Weihnachten, Ostern, Pfingsten, jeweils in Jahren mit geraden Zahlen
- Die Neujahrstage, die auf den Wechsel eines Jahres mit ungerader Zahl zu einem Jahr mit gerader Zahl fallen
- Das Ferienrecht – mit 14 Tagen pro Jahr
- Deine Geburtstage in Jahren mit gerader Jahreszahl

Genau sind auch die Zeiten beschrieben, von wann bis wann die entsprechenden Besuche gehen dürfen. Dabei soll stets Rücksicht auf deine Schulpläne sowie die arbeitsvertraglichen Verpflichtungen deiner Mutter genommen werden. Vorbehalten sind auch außergerichtliche Vereinbarungen, mit oder ohne Beistand – aber immer zu deinem Wohl und mit Rücksicht auf die Verpflichtungen deiner Mutter.

Liebe Samia, es gab leider, mit einer Ausnahme, nie gemeinsame Wochenenden, keine gemeinsamen Weihnachts- und Neujahrstage, Ostern oder Pfingsten mit deinem Vater – und nie gemeinsame Ferien, bis heute nicht. Von der wichtigen Vater-Tochter-Beziehung sind so leider sehr viele Puzzleteile verloren gegangen. Dein Vater – er konnte einfach nicht anders.

Unterhaltszahlungen

Dem endgültigen Gerichtsentscheid, betreffend der Leistung von Unterhaltszahlungen, ging ein ständiges Feilschen ums Geld voraus. So forderten deine Mutter zusammen mit ihrer Anwältin, nach mehreren Rechenanläufen, einen monatlichen, nachehelichen Unterhalt von siebzig Prozent seines Lohnes.

Außerhalb der Unterhaltszahlungen wünschten sie, dass dein Vater für einen Prozess-Kostenvorschuss für deine Mutter von wiederum vielen tausend Franken aufkommen soll. Das wurde vom Gericht abgelehnt. Abgelehnt wurde auch die Forderung deiner Mutter nach einer unentgeltlichen Rechtspflege.

In einer ersten Beurteilung musste dein Vater deiner Mutter die praxisüblichen Unterhaltszahlungen von zweieinhalbtausend Franken pro Monat leisten. In einer weiteren Verfügung erhöhte das Gericht die Unterhaltszahlungen auf mehr als das Doppelte und rückwirkend auf den ersten Entscheid. Das ergab dann eine größere Summe – im Wert eines neuen BMWs. Dein Vater erinnert sich: Als der Richter deine Mutter fragte, was sie nun mit dem vielen Geld anfange, gab sie zur Antwort, dass dies niemanden etwas angehe.

Beim letzten Gerichtstermin – also bei der offiziellen Scheidung – verfügte das Gericht die definitiven Unterhaltszahlungen: Für dich Samia so, dass du im finanziellen Bereich einen guten Start ins Leben hast, bis zu deiner Mündigkeit. Falls du dich zu diesem Zeitpunkt noch in einer Lehre, Anlehre oder Mittelschule befändest, würde die Unterhaltspflicht bis zum Ende der Ausbildung dauern. Ab deinem 18. Lebensjahr würden die Beträge dir direkt ausbezahlt, das heißt, auf dein persönliches Bankkonto überwiesen werden.

Der monatliche persönliche Unterhalt für deine Mutter wurde, ebenfalls vorschüssig, neu festgelegt und befristet – bis zu deinem 16. Geburtstag. Dazu wurde dein Vater verpflichtet, deiner Mutter auch die angemessene Entschädigung aus der Pensionskasse zu überweisen. „Angemessen" hieß, weil dein Vater bereits IV-Bezüger war, bekam deine Mutter nicht wie üblich, die Hälfte der während der Ehe gehäuften Pensionskassengelder, sondern lediglich einen Teil. Berücksichtigt wurde auch das Haus in Tunesien. Ein Rätsel bleibt, wieso die Hälfte von neunzigtausend Franken bei Anwalt Fuchs fünfzig zu vierzig gab – zu Gunsten der Gegenpartei. Untergegangen sind auch die Renovationskosten von zwölftausend Franken.

Zuviel passiert

Einen Tag vor dem Scheidungstermin rief deine Mutter deinen Vater an. Sie bat ihn, er soll sich doch noch einmal überlegen, ob er sich von ihr scheiden lassen wolle. Aber es war zu viel passiert. Sein Nein hat ihr „bitzeli weh gemacht", erzählte später dein Vater, halb Mundart halb Hochdeutsch.

Schluss

Liebe Samia, ich komme zum Schluss meiner Erzählungen und Erinnerungen. Vieles hast du nun erfahren über die Ehe deiner Eltern und vom schwierigen Scheidungsweg. Auch hast du manch Unschönes über deine Verwandtschaft erzählt bekommen. Mitbekommen hast du auch den beschwerlichen Weg deines Vaters mit seiner Krankheit. Dann sein gutes Vorhaben mit dir – und dass er es doch nicht geschafft hat, mehr Zeit mit dir zu verbringen. Vielleicht aber verstehst du ihn, nachdem du alles gelesen hast, ein Stück weit besser.

Inzwischen gehen deine Eltern schon eine ganze Weile getrennte Wege. Auch du wirst deinen Weg gehen – ihn immer wieder suchen und neu finden müssen, damit das Leben wieder anfängt zu leben. So wie dein Vater, der nach langem wieder einmal herzhaft lachen konnte – bei einem deiner Besuchstage:

Du warst bereits 12 Jahre alt, als du dich mit Schwung und sportlichem Outfit ins Auto setztest. Es war nicht zu übersehen: Deine krausen Haare, zusammengebunden zu einem Pferdeschwanz, dein Traineranzug, die neuen Turnschuhe. Verwundert fragten wir dich, was da Neues passiert sei. „Ich spiele jetzt Fußball", gabst du freudig zur Antwort. „Fußball?", fragten wir erstaunt. Uns kamen all die mühsamen Versuche in den Sinn, dich überhaupt zum Laufen zu bringen – und jetzt plötzlich Fußball! „Was jetzt – du läufst doch gar nicht gern!", sagten wir halb vorwurfsvoll. Selbstbewusst antwortetest du: „Ich stehe im Goal!"